"如果你希望改变孩子的某些行为，
　请先反省是否能够先改变自己。"

——卡尔·荣格

别理他！

你的焦虑
是因为对孩子关注太多

[美] 凯瑟琳·珀尔曼/著

赵　蓓/译

Ignore It!

天津出版传媒集团

天津人民出版社

图书在版编目（CIP）数据

别理他！：你的焦虑是因为对孩子关注太多 ／（美）凯瑟琳·珀尔曼著；赵蓓译 . —— 天津：天津人民出版社 , 2018.11

书名原文：Ignore It！：How Selectively Looking the Other Way Can Decrease Behavioral Problems and Increase Parenting

ISBN 978-7-201-14102-2

Ⅰ . ①别… Ⅱ . ①凯… ②赵… Ⅲ . ①家庭教育 Ⅳ . ① G78

中国版本图书馆 CIP 数据核字 (2018) 第 206975 号

著作权合同登记号 图字：02-2018-316

别理他！：你的焦虑是因为对孩子关注太多

BIELITA!:NI DE JIAOLÜ SHI YINWEI DUI HAIZI GUANZHU TAIDUO

出 版 天津人民出版社
出版人 黄 沛
地 址 天津市西康路 35 号康岳大厦
邮政编码 300051
邮购电话 （022）23332369
网 址 http：// www.tjrmcbs.com.cn
电子邮箱 tjrmcbs@126.com

责任编辑 陈 烨
特约编辑 李 羚
策划编辑 姜舒文
装帧设计 胡椒书衣

制版印刷 天津翔远印刷有限公司
经 销 新华书店
开 本 710×1020 毫米 1/16
印 张 18
字 数 220 千字
版次印次 2018 年 11 月第 1 版 2018 年 11 月第 1 次印刷
定 价 49.80 元

自序

当你在超市门口结账时，你的孩子哀求着想要买一包口香糖。

"妈妈啊……"她用一种让人厌烦的语气说。

"今天不行！"你回答。

"求你了，妈妈……"她说，"求你了……"

"不"你轻声说，同时希望事情不要朝着你所担心的方向发展。

"求你了，妈妈，就一包口香糖嘛。"

"不，今天不行！"你再次回答（语气变得更加强硬）。

看到你越来越心烦意乱、忍无可忍，一向狡猾的孩子开始提高嗓门，以一种让人难以容忍的方式发出令人毛骨悚然的尖叫。那么，最后，我们应当如何巧妙地处理这样的问题呢？你可能会这样做：

给他/她想要的那包口香糖，好让你的宝贝安静下来；

花三分钟的时间教育并告诫你的孩子，但随之而来的可能是更多的无奈和恼怒。

无论采取上述哪种方式，你都大错特错了。

……

作为一名家庭育儿导师，我曾在这方面对许多育儿小组和研讨会给予了指导。我主要的工作是在家里做一些育儿方面的电话咨询。我经常跟家长教师协会（PTAS）、宗教组织和教师们进行沟通。在商场或加油站，许多陌生人在得知了我所从事的研究之后，常常向我请教一些相关的问题。他们所提出的各种各样的问题都不约而同地集中于一点：为什么我的孩子不守规矩？

他们向我提出的问题各种各样：

"为什么我的孩子拒绝安静地坐在桌边？"

"为什么我女儿总是无缘无故地发出烦人的噪音？无论我是对她好言相劝还是被逼得发疯，她还是照样如此。我该怎样做才能让她停下来？"

"当我让儿子面壁思过时，他却总在房间里跑来跑去。我要怎样才能让他好好地坐下来接受惩罚呢？"

"我的一个儿子会做出各种各样的事情来引起我的注意。他整天不停地哼哼，敲他的铅笔，用胳膊捅他弟弟。我该怎么办？"

上述问题我都听说过，而且完全能够预料事情的结果。孩子们在做这些令人厌烦的事情时，父母要么好言相劝，要么对他们大吼大叫，要么施以惩罚，或竭尽全力地制止他们的行为。但无疑父母们所做的一切都是徒劳的。

孩子不会乖乖听话（尽管有时候你会有这种错觉），但他们毕竟是孩子。孩子的天性是探索、学习和成长。而养育孩子的本质则是教育、引导、关爱和培养。

许多父母认为他们必须做点什么来矫正孩子们的行为，但他们的所作所为却常常在放大孩子的错误行为。没错，事实上，他们所做的一切都只能使孩子的行为变得更糟。

在育儿指导过程中，我发现，父母总是过度管教孩子们身上本应被忽视的行为，而对于那些应该得到关注的行为问题却置若罔闻。父母总是批评并试图阻止孩子们寻求关注的行为。在与孩子们持续不断的"意志斗争"中，父母总是被折磨得精疲力竭、疲惫不堪。

为了给父母提供有效的行为准则，我强烈建议他们对孩子的行为选择性地忽视——这是对孩子们令人厌烦的无理取闹行为的一种战略性忽视。这套理论的提出基于备受推崇的行为修正学研究，是从战略上采取的忽视手段。

对于这个理念，父母们通常一开始的反应是：它是不可能奏效的。然而，一番尝试过后，他们却发现了神奇的效果。他们说，孩子们恼人的行为问题减少了，父母的教育满意度大大提高，亲子关系也得到了改善。

我决定写这本书是因为我发现许多父母被同样的问题所困扰。遗憾的是，他们所采取的行动往往只会让事情变得更糟。在本书中，我将教会父母如何有效地减少甚至消除对孩子采取的不必要的措施，并且鼓励他们采取正确的、积极的行动。

更加令人欣喜的是，这样做还可以保护孩子们的自尊心，让父母对孩子的行为更加满意。这意味着你会更加享受与孩子在一起的时光。谁不想这么做呢?

本书的理念基于广泛的研究，并且结合了诸多家庭的经验，你会发现它一点也不复杂，也并不可怕。这里所提出的理论是完全可行的，不但概念清晰，还给出了许多与之相关的示例进行分析说明。

父母时常对孩子们感到无计可施，他们迫不及待地想要从育儿书籍中寻求行之有效的方法。他们往往是东看一点、西看一点，这样即使适合的书籍就摆在他们的手边，他们也可能熟视无睹。这种情况总会让我感到非常惋惜——他们伸出双手想寻求帮助，却从未做好准备来彻底改变与孩子的互动方式。对于一种全新的教育理念，他们并没有对其进行全面而深入地了解，而是将信将疑地进行简单的尝试。这些家长往往很快就因为这种方式无效而草草放弃了。

这时，他们会感到挫败，对孩子更加束手无策。更糟糕的是，这让孩子们从中明白，父母经常会试图采用一些新的方式来管教他们，结果却总是不了了之。这便带来了一个后果：孩子们会产生这样的认知——当父母试图实施一种新的教育措施时，只要他们足够坚持，父母最终总是会放弃的。这种可悲的结果意味着他们会一次又一次地对父母的每一种新的教育措施采取同样的、甚至是愈加恶劣的抵抗。

出于上述原因，我建议读者阅读本书时不要跳过某些章节。书中的每一章都建立在前一章的基础之上，以便向你充分解释说明其中的教育理念。我向你保证，本书阅读时会非常轻松。你将它买回家是因为你非常希望育儿困境得到改善。那么，请花点儿时间记下书中的内容，以此作为给自己和孩子的一份礼物——它值得你这么做。

本书分为三个部分。在第一部分中，你将学习为何要忽视孩子的行为问题的基础理论。在这里，我将告诉你过度管教带来的恶性循环，以及如何忽视孩子的行为问题的基本方法。我将告诉你什么样的行为应该被忽视，什么样的行为不能。

第二部分是实际操作的部分。你将从中全面了解如何开始忽视孩子的行为问题，我会通过大量的场景来加以说明。我也会帮助你了解如何在公开场合不去理会孩子的某些行为问题；如果孩子的行为变得更糟，你该如何处理；以及在实施的过程中遇到典型阻碍时的处理方法。

本书的第三部分是对忽视孩子的行为问题的延伸，它是本书的一个重要部分。采取忽略的方式消除不良行为，只解决了部分问题。在第三部分中，你将学习如何鼓励孩子建立良好的行为习惯，并且指出了那些不能被忽视的不良行为可能带来的后果。我在其中列出了一些常见的问题和答案，以及一些好的建议。

第三部分的最后一章是我鼓励父母们的话。在我所有的课程中，它都是我与父母们的交流中最重要的部分。

我的课程提供了许多实用的教育方法，这显然很重要，但许多父母真正需要的是对他们的鼓励。他们需要知道——自己确实能够让情况向好的方向变化。我会尽量给予他们支持和鼓励。有了这些支持和鼓励，他们就可以满怀信心地开始行动，他们的生活也会因此发生变化——我也会让这些变化发生在你的身上。

同时应该指出的是，对于一些父母而言，忽视孩子的行为问题只是解决儿童行为问题所需要的措施之一。若有需要，应该寻求有执照的医生、心理咨询师或精神科医生的专业咨询和帮助。对于孩子表现出的更加严重的行为问题，有必要进行完善的医学评估、药物治疗或采取其他的专业措施。

本书中所提到的处理孩子行为问题的技巧和措施可以与大多数医学治疗手段结合使用，但请根据实际需要寻求必要的专业帮助。

准备好改变了吗?让我们现在就开始吧!

目 录

Part 3　鼓励，是的，仍然需要鼓励

Part 1

什么行为应该被忽视，什么不能

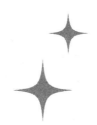

Chapter 1

无视我的孩子？你疯了吗？

每当我劝告父母们无视他们孩子的行为问题时，得到的不外乎如下两种反应：大约一半的人会流露出类似于我的爱犬诺玛在不能确定我的意思时的表情——他们歪着头看着我，疑惑地问道："嗯……你是说，无视他们？"

我向他们重复自己的观点，请他们不去理会孩子们所有恼人的和试探性的行为。于是，父母开始怀疑我是一名糟糕的家庭辅导员——他们不明白究竟为什么要无视他们的孩子？这样的做法显然与人们平常的观念相悖。孩子们不好的行为不可能单凭无视它就会消失。

但事实的确如此（我将在接下来的两章里告诉你这是为什么）。在学习本书的过程中，一位父亲告诉我，他害怕这样做会让他的孩子因此认为自己的这些行为没问题。这位父亲当然不喜欢孩子身上的这些问题，并且希望孩子能够知道他的这一想法。其实，采用本书中的方法，他仍然可以不通过语言，而是通过具体的行动向孩子传递出这一信息。

另一半的父母会因为可以堂而皇之地不去理会他们的孩子而欣喜若狂——长久以来，管教孩子让他们感到疲惫不堪——孩子、工作、日常开销和纳税、年迈的父母、孩子们的生日聚会以及各种学校活动等让父母们几乎精疲力竭。而学习如何合理地忽视一些棘手的问题，往往能够让他们的生活发生良好的变化。

一位父亲宽慰地说，他学会了偶尔忽视他的孩子。他在给我的信中写道："非常感谢你教给我这个方法。现在，我终于可以下决心再要一个孩子了。"我相信他这么说是认真的。

毫无疑问，上述这些父母正面临着孩子们让人极其厌烦的行为。他们的孩子不停地发牢骚、哭泣、喊叫、发脾气。孩子们常常故意惹父母生气——他们惹得父母大发雷霆，只是因为他们想这么做。几乎世界上所有的孩子们都在利用父母的弱点。

作为回应，家长们必须花费更多的时间管教他们的孩子。他们耗尽了所有的时间和精力，但结果却差强人意。他们不断地跟孩子们讨价还价，但往往收效甚微。孩子们的不良行为不但没有消失，有时反而变得更糟。

当孩子的行为变得越来越糟时，父母们的吼叫和惩罚往往也随之升级。他们变得越来越愤怒和沮丧。更糟糕的是，他们可能因此放弃了与孩子进行更有效的交流。而且，这还使得父母们在日复一日地教育孩子的过程中越来越享受不到养育孩子的乐趣——他们必须不断地向孩子妥协。

父母生育孩子，通常是因为他们希望在艰苦的工作之余能够把注意力转移到养育孩子的快乐之上。然而，当现实与理想相距越来越远时，他们会感到灰心、泄气，他们的挫败感远远大于获得感。

究竟是哪里出错了呢？

看我，看我，快看我！

父母们对于本书中提到的教育观点普遍持有怎样的态度呢？事实上，通过仔细观察，我们可以看出，忽视孩子的某些行为问题的做法似乎很难被主流儿童教育理念所接受——如今，过度教育的理念就像一种传染病。

我在这里无意指责那些提倡过度教育的父母。老实说，包括我自己在内的很多父母身上，多多少少都存在着过度教育的问题——我们从来都不会忽视我们的孩子。我自己之前也曾无微不至地关心着孩子们的一切——从他们的作业到课外活动，直至他们进入理想的大学。

我现在似乎听到你们中的一些人在说："我可不是这样的。"

好吧，这是因为大家在过度教育方面的程度不尽相同。看一看下面一些父母们经常听到孩子们说的话，问问自己是否也跟他们一样：

"妈妈，看我再潜一次水。"

"妈妈，你看到我用乐高积木搭的那辆超级棒的小汽车了吗？"

"爸爸，快看我在Xbox[①]上触地得分的回放。"

"爸爸，看我爬这棵树。"

---

① 是由美国微软公司开发并于2001年发售的一款家用电视游戏机。

"看我，看我，快看我！"孩子们从不满足于自娱自乐。他们内心很渴望得到父母和周围人的关注，他们希望听到类似于"我的天哪！"这样的反应，并得到肯定的赞许。只要细心观察孩子们运动时的情景，你就会发现：孩子在足球比赛中一旦踢出了一个好球，他就会立刻转向父母，期望他们竖起的大拇指。

孩子们早期自我价值的判定往往由他们的父母所决定。到了中学，他们对于自我价值的判定则来自外界的评价，由大众喜好、在群体中的地位和声望所决定。因此，青少年总会在个人网页上贴出经过精心修饰的头像，以获得朋友们的认可。

孩子们迫切地需要得到父母的关注——而且会竭尽全力地去获取。他们有时可以轻而易举地获得父母的关注，有时却不能。因为有些父母可能因为别的孩子分散了注意力，有些父母可能正在工作或身体不适，或者正好需要一分钟的时间打个电话或发一封电子邮件……

在这些情况下，孩子们就会采用各种方式来吸引父母的注意力。他们会试探你、刺激你、哼哼唧唧地哭泣，直到最后撒泼打滚、大喊大叫。

这些寻求关注的试探性行为是从何时开始的呢，又是怎样开始的呢？

实际上，这些行为从婴儿时期就开始形成了。它们是孩子通过不断的学习得来的。

是的，换句话说，这些行为是家长培养出来的。

我们在带孩子时，不会让孩子独自观看类似于《爱因斯坦宝贝》

这样的电视节目——哪怕只有半个小时。不，我们会一直陪伴着他们，跟他们坐在一起，教他们学习节目中的某些内容，或者只是为了确保他们的安全。现在的孩子们很少有以自我为导向的游戏，而在过去的几代人中，孩子们不需要一直学习——他们只是无目的地玩耍。但那些日子早已远去。

在过去，孩子们习惯于自娱自乐。他们自在地探索、玩耍。他们骑自行车去镇上，或者和朋友们一起去商店买口香糖。小的时候，我常常一个人在地下室待很长时间，用家用产品和洗涤剂创造出我的"艺术作品"。如果厌烦了，我就一个人到施瓦兹家的车道去冒险，或者玩别的游戏。到了上钢琴课的时间，我独自骑着自行车去一英里外的老师家上课——这真是太棒了！

但是，时代变了。

如今，家长需要不间断地监督和指导孩子，这并非他们自愿施加给自己的，而是来自社会的教育观念。比如一个现在非常流行的儿童玩具，名叫"费雪卓越宝宝的第一个益智模块"（注意"卓越"这个字眼）。这个玩具是一个装有各种形状和颜色模块的塑料桶，桶上带有相应形状和颜色的许多孔。玩具的说明书上这样写道：

> 你的宝宝将从中学习辨别不同的颜色和形状（圆形、星形、三角形等）。在使用之前，请先将它们按照形状和颜色进行分类。

这是一个给6个月大的孩子使用的玩具。为什么父母需要帮助孩子进行分类？为什么不能让宝宝自己玩儿呢？答案是：整个社会在告诉家长们，他们需要不断地关注自己的孩子。

当然，孩子们需要父母的关注，父母通常也都非常乐于关注他们的孩子。但我在这里要提醒大家的是，过多的关注很可能带来种种孩子的行为问题。它不一定能培养出良好的、守规矩的孩子。一旦孩子们开始无休止地期待着父母的关注，它就会变成毒品——你的孩子会越来越依赖它，就像吸毒者离不开毒品一样。尽管知道会带来严重的后果，比如被父母训斥或者惩罚等，孩子们仍然会不断地重复自己寻求关注的行为。

囚犯们在寻求庇护

为了保证婴儿的茁壮成长，他们与生俱来就有一套"呼叫—反应系统"。即使是只有一天大的新生儿也会因为生理需求而啼哭，比如，要喝奶或是需要更换尿布，等等。婴儿的哭泣提醒父母他们需要帮助。一旦父母对婴儿的需要迅速做出反应，他们之间便建立起了一种安全的依赖关系。对孩子来说，与父母之间建立这样的信任感是非常重要的，这能够保证他们的需要得到满足。那么，这种依赖关系的坏处又是什么呢？

婴儿很快就会意识到，啼哭是获得家长关注的一种有效途径。在婴儿学会开口说话之前，甚至在他们还不会用手比画来表达自己的意思的时候，就会通过啼哭来与父母进行沟通和交流了。当婴儿想喝奶时，他们开始哭；当婴儿见到陌生的面孔或听到不熟悉的声音时，他们开始哭；当婴儿愤怒、沮丧、无聊、伤心时，他们还是会哭。

对新生儿来说，啼哭是一种本能，一种生存技能。同时，这还是全球通用的，所有的父母都能够理解的语言。

父母努力让他们的孩子停止哭泣。一开始，这样做确实很有必要，但实际上，孩子们能够忍受一定程度的饥饿和不适的情绪。当父母不停地干预孩子们各种各样的哭闹时，他们便学会了利用它——哭泣和抱怨能够让他们获得父母及时的关注，让他们的需求迅速得到满足。

随着年龄的增长，他们学会了如何完美地掌控自己哭泣时的声调，还能把哭泣转变成各种难以忍受的吵闹。父母们痛恨孩子们的坏脾气和不停地哭闹，他们往往会做出妥协以阻止孩子们歇斯底里地吵闹——尤其是在公共场合。对此，孩子们非常清楚。

孩子，尤其是年幼的孩子，对于自己的生命，他们能够掌控的部分很少——父母控制着一切。在这种不平衡的权力关系中，弱势的一方感觉尤其明显。所以，有时孩子挑战父母只是因为他们可以这么做。例如，2岁的山姆向妈妈要一碗麦片，但是，当妈妈把麦片和牛奶倒进碗里时，他却拒绝吃。"不！不！不！我要吃鸡蛋！不要麦片！我要鸡蛋！"其实山姆想吃麦片，但他就是想看看妈妈会不会给他鸡蛋。这时，你能猜到将会发生什么吗？

山姆开始发脾气，他把碗推到够不到的地方。他开始哭泣，眼泪顺着脸颊流了下来。妈妈将盛麦片的碗推给他，这激怒了他。"不要麦片！不要麦片！"他的脸憋得通红，尖叫着大声哭泣，不停地踢着脚。这时，山姆什么都做得出来，并且他知道自己在做什么。

毫无疑问，妈妈开始给他做鸡蛋了——她不能让山姆在这么小的时候就饿肚子，她希望孩子赶紧长大，可以去上学。此刻，山姆立刻安静了下来，就像在婴儿时期一样——山姆的妈妈为了让孩子停止哭闹，什么都愿意为他做。

现在，山姆发现他拥有比自己想象中更强大的力量，这是多么令人陶醉的感觉。由此，山姆找到了许多其他方法让妈妈就范。比如，当她在CVS玩具柜台对他说"不"的时候，山姆大发脾气。他！想要！他的！玩具！

妈妈被弄得非常尴尬。她感觉周围的人全都盯着她的儿子看，然后看着她，好像在说："你是一个不称职的妈妈。因为如果你是一个好妈妈，你的孩子就不会这么做了。快让那个孩子闭嘴！"她没有心情向周围的人解释。于是，她买了那个玩具。山姆高兴极了。他不仅有了一个新的塑料机器人，而且还强迫妈妈做了他想做的事。对他来说，这再一次证明了——这种做法确实有效。

他不仅对妈妈如此。

山姆这种行为的累积效应是一场相当持久的"意志之战"：妈妈或爸爸这样说，山姆就偏要那样说。父母说"不！"，他就偏要说"我要！"。在这场战斗中，父母有时会赢。他们耗尽了精力，最后离开了商店，没有买他想要的玩具。但随着时间的推移，最后获胜的仍然是山姆。他总是不屈不挠地跟父母进行战斗。有趣的是，这样做总是能够成功地吸引父母大量的注意力，偶尔还能得到一个玩具或是一个蛋卷冰激凌。

但这对于父母而言却意味着无休止的斗争。他们只是不想说

"不"，难道他们就不能直接走出商店而不买任何东西吗？是的，他们可以。

前提是他们必须有所改变。

让我们来谈判

几年前，我做过一段时间的调解工作。我与准备离婚的夫妻们在一个小办公室里就离婚之后孩子的探视及日程安排问题进行协商。在此过程中，我尽量使双方达成一致——这就是谈判应有的作用——对于谈判双方而言，各自做出一定的让步，双方均能从中获得一定的利益。在这种情况之下，谈判是有效的。

但教育孩子时，一旦父母试图与孩子们进行谈判，就注定只能以失败告终。这是为什么呢？因为与孩子的谈判几乎都是由孩子发起的，而且只涉及孩子的利益。下面，我举两个案例来说明这个问题。

麦迪想吃饼干，但爸爸不同意。于是，麦迪问："如果我吃完所有的胡萝卜，就可以吃饼干了，对吗？"爸爸同意了。然后，她吃完了胡萝卜——或许这次她真的吃完了胡萝卜，但还没找到改变爸爸决定的办法——这只是讨价还价的开始。

下个星期，麦迪再次尝试通过吃胡萝卜换取饼干，并且尝试更具战略性的方式。当爸爸同意了只要她吃掉胡萝卜就可以吃一块小饼干之后，她就会问："我必须把它们都吃掉吗？"爸爸回答说："不需要，你只要吃掉五根胡萝卜就可以了。"

　　"两根怎么样？"麦迪反问道。

　　爸爸说："四根。"

　　麦迪说："三根。"

　　爸爸说："好吧。"

　　从此，无论爸爸想让麦迪做什么事请，她都会试着讨价还价。无疑，她能够从中得到更多好处，而爸爸能做的只有妥协。

　　另一个是南茜的例子。南茜是一位单亲妈妈，独自抚养着两个十几岁的孩子——16岁的汤米和13岁的艾丽莎。南茜告诉汤米，是时候关掉游戏机了，他已经玩了两个多小时，现在应该睡觉了。汤米知道，尽管妈妈这么说了，但他并不需要立刻去做。一开始，汤米完全无视妈妈的话。因为妈妈现在正忙着给妹妹铺床，这可以让他有15~20分钟的时间继续做他想做的事。南茜不断地催促汤米关掉游戏机，但他根本不听。

　　当南茜回到房间时，用愠怒的语气说："汤米，把它关掉！"谈判由此拉开了序幕。汤米说："我现在不能关掉游戏，我正在输入比赛里的重要信息，就不能再给我10分钟吗？然后，我保证立刻上床睡觉。"

　　南茜被这种每晚睡觉之前必经的讨价还价惹恼了。她走出房间说："好的，你只有10分钟。"她感觉自己的态度很强硬，但汤米却认为她很容易被说服。

　　孩子们与父母之间的讨价还价是无休无止的，父母的一个小小的让步往往会导致另一个结果。即便父母再不耐烦，他们仍然必须面对孩子们不断的乞讨、哀求和抱怨。这会让人感到烦不胜烦。然而，每一个执拗的孩子都坚信，事情总有回旋的余地（因为通常情况下总是如此）。每当听到父母告诉我，他们的孩子不接受"不"这个字眼时，我就能够断定曾经发生了什么——无休止的讨价还价。

"你再这样，我就要疯了！"

在之前的一个事例中，山姆采取吸引妈妈注意力的行为来获得他想要的东西。但是，孩子们这样做的后果也可能完全不同。

我记得，小时候姐姐莉亚和我喜欢互相打闹。我们会在汽车的后座上互相推搡、踢踹对方。我们的这种打闹最后会发展得极其疯狂，以至于妈妈或爸爸从前排座位转过头来冲我们大叫："你们两个谁也不许碰谁！"

于是好玩的部分开始了。我把手指伸到离姐姐很近但又碰不到她的地方。

她就会大声嚷嚷："妈妈，凯瑟琳想要碰我。"

我笑着说："我没有。"

这个小小的动作让我同时惹恼了妈妈和姐姐，这样的事总是以我的悲惨结局收场。我不仅会被姐姐打，还会被妈妈罚坐在车子的地板上。我为什么要这么做啊？我真希望自己从未做过这些傻事。

几年前，我举办了一场关于兄弟姐妹之间争斗问题的讨论会。来参加讨论的大约有二十几名家长。我建议家长们回想一下自己童年时跟兄弟姐妹之间的关系，以便更好地了解现在的孩子。其间一位爸爸（我们叫他约翰）的发言让我至今难忘。

　　他讲述了一个大家庭的故事。那是在20世纪70年代，他的家里总共有6个孩子。孩子们经常待在家中，没有大人照看。约翰无聊的时候常常捉弄他的小妹妹，他会以各种方式拿她打趣。然后，他的妹妹就会跑到妈妈那里告状。

　　于是，妈妈把约翰找来谈话，反复警告他："你为什么这样捉弄你妹妹？知不知道你那样骂她真的会伤害到她？"

　　想起当时的情景，约翰轻轻地笑了起来。事后看来，当时他那么做真的很冷酷无情，甚至还有点残忍。而妈妈当时说的那些话，事实上却让约翰发现了能够惹恼妹妹的好办法。在那之后的很多年，他继续用这样的办法故意惹她生气。

　　现在，约翰并不为自己做过的这件事感到骄傲。相反，他因为曾经伤害了妹妹而感到羞愧和后悔。但在当时，他成功地借助妹妹吸引了妈妈的注意力。对他而言，哪怕只得到妈妈短暂的关注也是他想要的。约翰通常会因此挨骂，有时甚至会受到惩罚，但这并不能阻止他这么做。

　　听了约翰的故事以及他给我们的启示之后，我终于明白了自己为什么会以这种令人讨厌的方式惹恼我的姐姐和妈妈——作为一个自我感觉非常弱小的孩子，我知道我的这些行为会逼得她们做出反应。的确，有些时候，父母忽视了给予孩子所需要的关注。

　　正如我前面所提到的，如果他们无法通过令人愉快的方式得到父母的关注，那么，他们将以其他的方式得到它。父母明显会被孩子的行为激怒，而这却成了对孩子们的一种鼓励。我知道这很难相信，但我向你们保证，事实的确如此。

父母们狼吞虎咽地吃下孩子们准备的"诱饵"，孩子们却以这样的方式成功地牵制住了父母。与此同时，家长们总是非常奇怪，为什么孩子们总是故意激怒他们。例如，约翰、山姆和我就是在故意诱使父母对我们的不良行为做出反应，而我们可以相当肯定地预测到事情的结果。

"我的孩子快让我发疯了，但他甚至没有意识到！"

有些孩子会故意惹父母生气，也有些孩子是无意识的。这些孩子中，有一部分可能患有自闭症或多动症（ADHD），他们在这方面有着特殊的需求。而其他大部分的孩子只是在行为上与别的孩子稍有不同。他们会发出哼哼唧唧的声音，故意大声说话，模仿别人讲话，或者学婴儿的声音说话，这样的噪音简直要使父母发疯。

如果父母强迫他们坐下来，他们就会在座位上扭来扭去，故意重复笨拙的动作——吃饭时摔杯子、盘子或叉子，还总是故意绊倒或撕破裤子。父母们渐渐被他们的行为弄得不胜其烦。孩子不断地重复着这些令人厌烦的行为，而父母随之变得越来越恼怒。一旦父母到了忍无可忍的地步，往往会不惜一切代价来阻止这种行为。

比利就是一个典型的例子。比利总是不停地扭来扭去，或者大声哼唱。他的父母因为他不能集中注意力经常斥责他。最近，他被诊断出患有少儿多动症（ADHD）。多年来，他一直努力想在做家庭作业时集中注意力。

"比利，坐着别动！"

"比利，别闹了！"

"请你坐着别动，好吗？"

"不要弄弯你的尺子！"

"吃东西的时候不要吧唧嘴！"

"不要把店里每样东西都摸一遍，快点走了！"

他们以为这样的斥责能够帮助比利集中注意力。其实，他们错了。

比利的行为并没有因此得到改善，而且，也根本不可能有所改善。因为他大多数时间根本没有意识到自己在做什么。比利的父母不知道，他们的斥责实际上正在分散他的注意力，而且他们不断的指责侵蚀着比利的自尊心。

结果是比利依然没有意识到要改善自己的所作所为，父母不停的指责只会让他感觉自己很糟糕。

继续无视他们？我不相信！

现在，你已经知道为什么你的孩子难以管教了。他们这样做就是为了引起注意——任何形式的关注都比没有关注强。因此，孩子们学会了埋怨、哭泣、哀求和讨价还价，这些都能让他们得到想要的东西。

我们也知道了，父母为应付这些令人厌烦的行为所采取的所有做法都是行不通的——父母惩罚孩子、给他们下最后通牒都无济于事，对他们大喊大叫也没有任何效果。

父母努力想要纠正孩子们的不良行为，一旦发现管教不起作用的时候，他们就会提高嗓门，大声吼叫。一项全国性的调查显示，90%的美国父母承认对孩子进行过严厉的斥责，这项调查包含了幼儿父母和那些与父母同住的青少年的家长。父母常常对孩子大喊大叫，是因为孩子们越来越难以管教。然而，事实上，即使是以"爱孩子"或"为了孩子好"的名义，父母们的做法也完全没有起到作用——他们对孩子反反复复的训斥不仅加重了孩子的抑郁情绪，还让他们的不良行为愈演愈烈。

大多数家长低估了吼叫对孩子以及亲子关系产生的严重影响。当家长们情绪失控之后，往往事后会感到后悔。然而，即使在充满温暖和爱的家庭里，严厉的话语仍然会让孩子对父母心怀敌意。而那些对父母产生逆反情绪的孩子更加容易表现出行为问题。这样便形成了类似于"先有鸡还是先有蛋"的恶性循环。很明显，父母对孩子大喊大叫对任何人都没有好处。

当父母与孩子之间的力量差异变得不明确，之前定的规矩也不起作用的时候，父母便会忍不住对孩子发火。他们对孩子们令人讨厌和寻求注意力的行为变得非常敏感，不停地告诫孩子停止抱怨或者乞求他们从地板上起来、别再发脾气了——这是件很累人的事。

因此，我建议家长们忽视孩子的这些行为，避免频繁地与孩子进行"日常的斗争"，转而有意识地采取其他方式与孩子相处。通常，家长们越是享受与孩子相处的时光，孩子们就会越喜欢同父母相处。

从常规意义上讲，重复做同样的事却期待得到不一样的结果，这是很不明智的想法。如果你之前的努力不能让情况得到改善，那么就应该尝试其他方法，这也许能够带来不一样的结果。

比如，我们可以试着无视孩子的某些不良行为。在下一章中，我将向你介绍这种方法如何起作用，以及为什么能够起作用。

■ 试图与孩子讨价还价的话，即使你取得了一定的效
果，最终一定会以失败告终。

■ 你的任何关注都是对孩子不良行为的鼓励。

■ 孩子从小就会通过抱怨、哭泣和讨价还价来得到他
们想要的东西。

■ 年幼的孩子如果受到过多的束缚，他们会尽力挣脱
这种束缚。

■ 对孩子过度的关注将培养出过于自我的孩子。

Chapter 2

积极强化和消极强化

"一个人不会因为受到惩罚而顺从，他顶多只能学会如何逃避惩罚。"

—— B.F. 斯金纳①

---

① 伯尔赫斯·弗雷德里克·斯金纳（Burrhus Frederic Skinner, 1904—1990），美国心理学家，新行为主义学习理论的创始人，也是新行为主义的主要代表人物。

孩子们非常擅长两种技能：一是逃避，二是软磨硬泡。

他们在很小的时候就学会了这两项技能，并且，多年来一直在努力地完善它们，以取得最好的效果。而父母通常没有意识到，他们的孩子正在利用这些技能。事实上，孩子们每每会在光天化日、大庭广众之下使用它们。

杰森讨厌洗澡。每天晚上，为了让他尽快洗澡然后上床睡觉，妈妈和他之间总会进行一番斗争。妈妈认为，这是他在成长的过渡时期出现的问题，于是，她会试着提醒他洗澡时间到了。

她说："杰森，5分钟后我们上楼去洗澡，好吗？"

他没有回答。

此时，妈妈正忙着收拾晚饭时的餐具。随后，她向儿子发出了最后的警告——至少从表面上看是这样。

她冲着杰森喊道："最后1分钟！"

杰森听到了妈妈的话，但没有理她。他今天晚上真的不想洗澡——其实他每天晚上都不想洗。按照以往的经验，他知道有时他可以拖延、拖延、再拖延，直到最后洗澡时间过了，自己就可以上床睡觉了。杰森希望今天晚上也能这样。

他开始在屋子里跑来跑去。妈妈累了，她完全没有心情再跟儿子周旋。她想抓住杰森，但每当她扑向他时，他便咯咯地笑着逃开。她更加努力地在他后面追赶，拍打着他的衬衫。他歇斯底里地叫着，非常喜欢这种追逐游戏。

于是妈妈打算放弃了。她开始回想今天母子俩都做了些什么？杰森是不是真的很脏？

她仿佛在跟自己说："嗯，我们今天没有去公园。图书馆很干净。我们也没到别的地方去玩。他吃饭时也没有弄脏。嗯，他也许并不需要洗澡。"

于是，妈妈说："杰森，我改主意了，你不用洗澡，因为你没那么脏。我们上去换衣服吧。如果你抓紧时间，你还能多听一个故事。"

计划真的奏效了吗？杰森很吃惊，因为他还没尽最大的努力呢——他甚至都还没有假哭一场。于是，杰森兴高采烈地立刻奔上楼——谁不想多听一个故事呢？

杰森是个拖延高手，而我们下面要讲的索尼娅则具备另一种特别的技能。

索尼娅是一个"小收藏家"。她喜欢收集各种各样的小东西——小玩具、橡皮、糖果盒、挂在背包上的毛绒玩具和弹力球等等。所有这些小玩意儿都让她兴奋不已，她简直就是现实中的"神奇宝贝"玩家。最近，她正热衷于收集各种香味的唇彩和各色眼影。

如果你问索尼娅的父母，他们会告诉你，他们很少给索尼娅买玩具，当然，也不是没有例外。如果索尼娅在商店里很听话，他们可能会在付款的时候给她买点东西。当索尼娅安静地坐在车后面，而她妈妈正在接听一个重要的工作电话时，她知道通常自己可以吃冰激凌或饼干。今天，索尼娅妈妈要到玩具反斗城为邻居买生日礼物，索尼娅想要为自己做一番努力。

索尼娅："妈妈，我可以买一包新的shopkins①吗？"

妈妈："不行。"

索尼娅："为什么？"

妈妈："因为你已经有很多了。"

索尼娅："但我第四季的玩具一个也没有，没人愿意跟我交换。"

妈妈："瞎说，我昨天还看见你跟你弟弟交换。"

索尼娅："妈妈……那是因为他不知道哪一种好看。求你了！"

妈妈："安静。"

索尼娅："妈妈，妈妈，妈妈，求你了，就一包……我保证，买了这个以后我再也不会要了。"

妈妈："安静。"

索尼娅："求你了，就一包。"

妈妈："好吧，但是不能超过10元钱。你要抓紧时间，我们得走了。"

索尼娅："好的，我会的。谢谢你，妈妈！"

---

① 动画剧集《购物精灵》的衍生玩具。

杰森善于采取拖延的方式逃避自己不喜欢做的事，这使他摆脱了各种令人厌烦的事情。索尼娅则通过不断地抱怨、哀求，利用父母的弱点得到她想要的东西。熟练掌握两种技巧的孩子知道如何相机行事，而这些行为往往会让父母们备受困扰。

为什么孩子们不能乖乖地听话去洗个澡呢？为什么这样的讨价还价戏码几乎每天都在上演呢？为什么孩子们非要不断索要他们其实根本不需要的东西呢？为什么当父母说"不"的时候总是不起作用呢？为什么父母总是要接受孩子们的讨价还价呢？

这些问题通过理解积极强化和消极强化作用，很容易能够找到答案。上述两个概念经常被引用，但又常常被误解，它们也正是本书的核心概念。

本章将帮助你了解孩子们做出某些行为的原因。一旦你理解了他们为什么要这么做，消除这些行为就会变得像做选择题一样简单了。

不只是为了研究才纠正孩子的不良行为

著名心理学家B.F.斯金纳认为，想要理解人们为什么做一些事情，关键在于了解他们这样做能够得到什么。激励人们做某事的原因，往往是因为这样做能够得到他人的关注、物质回报，或者能够摆脱某些不想要的东西。斯金纳认为，行为发生之后立刻得到的结果，将会决定该行为是否会被重复。

以索尼娅为例。她曾经在商店里哀求妈妈给她买玩具，妈妈当时答应了。索尼娅的妈妈并不知道，她这样做正好鼓励了索尼娅的行为。

对索尼娅而言，这成了她下次在商店时能够设法要到玩具的一种保证。为什么不呢？索尼娅的恳求曾经起过作用，所以，哀求妈妈的方法很可能会再次生效——索尼娅的直觉告诉了她这一点。

人们总是倾向于重复那些受到某种强化的行为。想想"强化"这个词的同义词：强调、加强、支持和巩固。很显然，受到强化的某种行为总会变得更容易持续。那么，如果你正在强化的是某种错误的行为呢？这正是造成孩子们持续他们的不良行为，并且使孩子愈加难以管教的症结所在。而应该对此负责的，恰恰是他们的父母。

这是一件好事，因为有责任心的父母可以通过改善自己的行为方式来解决这个问题。但在父母开始进行自我改造之前，请先让我解释一下积极强化和消极强化是怎样起作用的。

我对于科学方法具有坚强的信念——所有不能通过科学方法进行观察和实践的事情，我都会产生怀疑。过去，人们认为地球是平的，但后来科学证实了，我们生活在一个漂浮于宇宙之中的巨大的球体上。科学方法是通过实践来检验假设是否正确的理论分析方法。我的工作也需要得到科学方法的证实。

多年来，我通过对家庭和孩子们的观察以及和他们的沟通，积累了大量的实践经验，但是，如果我的工作没有科学依据的支持，我就不能确定自己的干预工作是否真的有效——毕竟，我希望能够找到改善儿童行为最有效的途径。

现在，让我们再回到斯金纳的理论上来。

斯金纳关于行为学习过程的理论，被称为"操作性条件反射"。为了验证他的这个假设，斯金纳设计了一些实验，并在老鼠和鸽子身上进行了实验。

作为一名家庭辅导师，我在工作中发现——孩子们身上也具有同样的情况。孩子们出生时并没有固定的行为模式，也不知道如何应对这个世界。然而，正如我在第一章所描述的那样，新生儿很快就学会了啼哭，可以让他们的需求立刻从父母那里得到满足——父母的行为极大地影响了婴儿试图让他们的需求不断得到满足而采取的行为。

我们可以将所有的情况划分为：触发行为的事件（即Antecedent，简称为A）、发生的行为（即Behavior，简称为B）和行为的结果（即Consequence，简称为C）。下面，我们来看一个A-B-C的例子：

梅根的爸爸带她去养老院看望奶奶（A）。

5岁的梅根不喜欢去看望奶奶，因为养老院里气氛沉闷，而且闻起来有一股霉味。所以，当他们刚到达那里的时候，梅根就开始不停地胡闹（B）。她在探访室里乱扔玩具，发出恼人的尖叫，还从浴室偷肥皂。于是，爸爸说："梅根，如果你不停止这样做，我们就马上离开。你不想让奶奶生气，对吗？"

其实，这正是梅根想要的。她还是个孩子，对看望奶奶真的一点兴趣也没有。她宁愿待在其他任何地方，也不愿待在这儿。于是，她变本加厉地不停埋怨、尖叫、扔东西、发牢骚……周围的人纷纷向她投来异样的目光。

一位老奶奶一边喘着气，一边喃喃自语地说："真是个小怪物啊！"这让人太尴尬了。由于没法忍受梅根的胡闹，在奶奶那里待了不到25分钟，爸爸就只好带着梅根离开了。

梅根取得了胜利（C）。

那么，是什么促使她做这些让人厌烦的行为呢？显然，正是爸爸的警告促使她下定决心这么做的。让我们试着猜想一下，下一次他们去看望奶奶时会发生什么？如果梅根还想继续她的游戏，她会在离家之前就开始那些讨厌的行为，而爸爸最后会决定把她一个人留在家里。这正中梅根下怀！于是，任务完成！

A-B-C基准

A：Antecedent，事件，行为的触发条件

B：Behavior，行为，发牢骚，抱怨，谈判，叫喊，哭泣，发脾气，等等

C：Consequence，结果，积极的结果（获得某些东西或避免某些事情）或者消极的结果（被吼叫、受到惩罚等）

行为的结果是让孩子形成某种行为模式最有力的理由。仅仅是一个小小的动作就有可能产生消极的结果，但某些行为也可能产生积极的结果。例如，我最近给一位新搬来的邻居送去一块自己做的布朗尼蛋糕。作为我这一行动的结果，他邀请我参观了他们的家，并为我介绍了他们的女儿和狗。

作为我的行动（烤蛋糕）的结果，这样的交流促进了良好的邻里关系。

也由此，每当有新邻居搬进来的时候，我都会为他们送去我亲手

做的蛋糕，从而跟他们形成了良好的邻里关系，这个方法屡试不爽。的确，行为的结果决定了该行为是否会被重复，以及会持续多久。

我将在第十章中更加详细地讨论如何用行为的结果来改善孩子们的行为。

现在，让我们利用"事件—行为—结果（A-B-C）模型"来回顾一下本章中提到的事例。杰森不想洗澡，索尼娅想要一个玩具，而梅根不想去养老院。

场景	事件	行为	结果	孩子学到了什么
杰森需要洗澡	妈妈告诉杰森现在该洗澡了	在房间里到处乱跑	妈妈决定今晚不用洗澡了	杰森学会了只要不乖乖去做，就可以不用做某些不想做的事
索尼娅和妈妈要去玩具店	来到玩具店	软磨硬泡要买新玩具	妈妈买了新玩具	软磨硬泡很容易买到想要的玩具
梅根要去养老院看望奶奶	养老院非常沉闷、无聊	扔玩具、各种胡闹	爸爸决定离开	不良行为可以让梅根逃避不喜欢的外出活动

在他们当中，梅根和杰森想要逃避某些事情，而索尼娅想要得到某些东西。对于这两类行为，存在着积极强化和消极强化的区别。

积极强化（比如给索尼娅她想要的东西）是通过给予某些东西进行行为的强化，给予的东西有可能是孩子们喜爱、享受的（比如甜点、玩具、关注等），也可能是不喜欢的（比如吼叫、责骂，以及其他一些负面情绪）。而梅根和杰森的行为则受到了消极强化。

许多父母错误地认为，消极强化是通过让孩子感受不愉快的体验来阻止他们的不良行为，比如，在孩子们打骂兄弟姐妹时责骂他们。其实，这样做仍是一种积极强化，因为这时父母的责骂也是一种对孩子的关注，这正是他们想要得到的，因此正好强化了他的行为。

消极强化是拿走那些孩子不喜欢的东西。比如，妈妈同意杰森不用洗澡，爸爸同意梅根不用看望奶奶都是消极强化。孩子们不良行为的背后隐藏着想逃避某些东西的目的，许多父母并不知道，正是他们的这些消极做法强化了孩子的不良行为。

积极强化：通过给予某些希望得到的东西（比如甜点、玩具、关注等等）对行为进行的强化。

消极强化：通过去除某些不喜欢的东西对行为进行的强化。

在继续阅读本章内容之前，你需要花几分钟时间思考一下在你的孩子身上最常发生的令人不快的行为。

请从每个孩子身上至少找出四种不良行为，填入下表并将它随身携带，以便随时记下发生在孩子身上每一件A-B-C的行为。

每当你的孩子哭闹、发脾气或是有某种不良行为时，请尝试着将它们记录在这张表格中。花一些时间做这件事，这些信息将有助于完成我们下面将要进行的内容。

行为的结果是指从该行为中所得到的好处。而了解每一种行为所能带来的结果，对于采用何种方式奖励孩子们的良好表现是至关重要的，我们将在第九章专门对此进行讨论。

行为发生的 时间和地点	事件	行为	结果	孩子学到了什么

本书附录中为你提供了上述表格的模板。

澄清下列问题，有助于你评估孩子的行为问题。

请找出该行为通常发生的时间和地点。最近，一位妈妈打电话向我寻求帮助——她5岁的女儿早上总是拒绝穿衣服。

让我们一起来看看这个行为发生在何时？早上。

发生在哪里？女儿的房间。

了解到这些触发孩子不良行为的时间和地点，接下来就可以帮助这位妈妈采取相应的措施了。有时候，孩子们的行为只针对某些家庭成员。如果是这样的话，有必要做重点记录。

再例如，在另一个家庭中，爸爸是一个感情细腻的人。他总是因为女儿在他面前哭（即使是发脾气地哭）而感到非常难过。每当这时，为了让她感觉好一点，爸爸总会给她一个大大的拥抱。但正是这样的关注和情感促使他的女儿动不动就哭。在这个场景中，孩子这种爱哭的毛病只在爸爸面前表现。

而另一些孩子，他们平时表现得就像天使一样完美，可是一旦兄弟姐妹出现，他们就完全变了一个人。你也许会问自己，在孩子们寻求关注或做那些消极行为之前，是否发生了某些特别的事情。例如，有时候，当孩子们被父母交给其他人看管，或者从别人家回到父母身边时，会很难适应这段过渡时期。孩子们往往会在这段时期产生许多行为问题。

我的孩子每次刚从爷爷奶奶家回来的时候总是表现得非常糟糕。他们常常不停地抱怨、哭泣。公平地说，这并不是爷爷奶奶的问题，只是他们的规矩和我们完全不同而已。孩子们在爷爷奶奶那里时，许多平常在家时要遵守的规矩都不需要遵守了。所以，我们怎么能够简单粗暴地要求孩子一回到家中就立刻调整回来呢？

我仍然不明白为何要无视我的孩子

想要改善孩子们的行为其实很简单。我保证，只要你别让他们的这些行为得到任何好处（即结果），这些不良行为就会立刻消失。

什么，就这么没了？！

说真的，就这么简单。的确如此。

当我向父母们指出这一点时，他们常说："这是行不通的。"或者"我已经尝试过了！"所以，如果你也抱有同样的想法，你并不是第一个或唯一一个这么想的人。但是，你错了。在我的经验中，那些持怀疑态度的父母都已购买了我的课程——他们虽然对此表示怀疑，但仍然坚持了我的方法。

你知道吗？他们最终都承认，自己之前的怀疑是错误的。

正如我在前一节中所说的那样，以某种方式得到奖励的行为，即便得到的不是最理想的奖励，也有可能被重复。幸运的是，不是所有的行为都会被重复。没有取得预期效果的表演几乎都会奇迹般地消失。如果家长们不强化孩子的不良行为，它们就会消失。即便没有完全消失，至少也会大大地减弱。当孩子们在做了这些不良行为之后什么也没得到，或者什么也没能逃避的时候，他们自然就会寻求其他的途径。

如果在房间里跑来跑去不能让杰森逃避洗澡，他就不会再这么做了。如果哀求和抱怨不能帮助索尼娅得到一个新玩具，她也不会继续这样胡搅蛮缠了。这是因为孩子（对于父母、狗狗、猫咪，甚至是老鼠都一样）不愿意浪费时间去做一些不能带来预期效果的事情。

如果一个行为收不到任何效果，我们就会放弃它——这就是让不良行为消失的方法。

什么是非强化的条件反射呢？这里所说的"条件"，指的是孩子们通过之前的经验学到的东西。孩子们做出某些行为，父母则对此做出相应的反应。当这个过程不断地重复发生时，孩子们就逐渐掌握到了让父母做出反应的条件（想想巴甫洛夫的狗①）。

然而，一旦同样的条件所得到的反应发生变化时，行为也会随之发生变化。也就是说，当父母不再对孩子们的不良行为做出他们预期的反应时，行为就会消失。这里所说的消失，就是灭绝或根除的意思。

当我还很小的时候，我姐姐莉亚经常用字典里的生僻字眼来骚扰

---

① 巴甫洛夫实验，是心理学的经典实验之一，即巴甫洛夫的小狗实验：每次摇铃铛的时候就喂小狗吃肉，重复这个过程多次以后，当小狗再听到铃铛响，即使没有喂它吃肉，它的口腔里仍会分泌唾液。

我。也许这种嘲讽的方法很奇特，但它对我却特别有效，在我身上屡试不爽。

"你的'原生质'①是不合格的。"或者"你真'幽默'②"。

当她这么说时，我就会跑到妈妈那里去，尖叫着说："莉亚刚才说我'幽默'！"

我其实并不知道这是什么意思。但我姐姐很喜欢用这种方法惹我生气。姐姐惹我生气（事件）时，我就大喊大叫（行为），我的喊叫强化了她的行为（结果）。后来我长大了，最终学会了使用字典。姐姐从那些字典里查来的专业词语再也不能惹我生气了，因此她也就不这么做了。她的这种行为就这样被消除了。

接下来是另一个例子。我认识的一个妈妈很讨厌她女儿的一种行为——每当这个孩子在另一个房间里需要什么东西时，就会对妈妈大声喊叫。我问她，当她女儿喊她的时候，她通常的反应是什么。她说，她会大声地训斥女儿。我告诉她，她的女儿之所以总是这么做，是因为她每次都会有所回应。我让她下次再发生这种情况时，压根儿就不去理会。她应该假装什么都没听到，除非她的女儿来到她跟前跟她说话，或者房子着火了。

我的这位朋友一开始并不愿意采纳我的建议，因为她觉得自己不可能忍受女儿的叫喊。但我坚持让她尝试一下。于是，当她女儿再次

---

① 原文为 protoplasm，原生质，生物学名词，细胞内生命物质的总称。它的主要成分是糖类、蛋白质、核酸、脂质等。原生质会分化产生细胞膜、细胞质和细胞核，进而构建成具有特定结构体系的原生质体。

② 原文为 facetious，滑稽的，好笑的。

叫她帮忙时，她听从了我的建议，试着不去理会。她女儿以为妈妈没听到，便提高嗓门，喊得越来越响。

最后，女儿只好来到她的房间，问她："妈妈，你刚才没听见我说话吗？"

我的朋友笑着回答："不，我听到了。但你知道的，我不喜欢你在另一个房间对我大喊大叫。谢谢你过来找我。现在，告诉我，我有什么能帮你的？"

在那以后的很长一段时间，她的女儿仍然常常在屋子里喊叫，她都不予以任何回应。最后，女儿终于放弃了喊叫——道理很简单，如果无法得到任何人的注意，谁又愿意在房子里扯着嗓子使劲喊呢？

虽然我也不想总是拿动物来做比喻，但在此我不得不再举一个动物的例子。

当我心爱的宠物狗诺玛刚刚被带回来的时候，我们决定好好地训练它。晚上，我们将诺玛关在笼子里睡觉，直到第二天早晨。这样做可以防止它随地大小便，因为狗狗不喜欢在它们睡觉的地方排泄（对此我其实也并不知道，只是看过相关的报道）。无论如何，当我们第一天晚上把诺玛关进它的笼子里时，它很不高兴，不停地挠门、大叫。这让我们烦透了。每当我听到它在笼子里闹，就跑过去敲它的笼子，并且大声告诉诺玛，我不喜欢它这样做。但这一点儿也不起作用。

诺玛没有因为我的训斥而停止吠叫，因为即使被我责骂，它也喜欢看到我在笼子前出现。最后，我厌倦了楼上楼下地跑来跑去教训我的狗，于是干脆不理睬它。诺玛不笨，它很快就意识到我不会再来了。过了一会儿，它就不再大叫，卧在笼子里慢慢地睡着了。第二天，当它被关进笼子时仍然不停地叫，但这次我对它的叫声不予理睬。几分钟后，它平静了下来。

第三天晚上，它被关进笼子时就不再叫了，它甚至开始喜欢那个笼子了。我们后来经常发现，如果笼门是开着的，它就自己进去躺在里面——这是一个完美的消除坏习惯的例子。一开始，虽然我很生气，对于诺玛的不良行为给予的也是负面的回应，但正是我的回应强化了诺玛的行为。当我后来不再关注它的这些行为，对它不予理睬以后，连狗也意识到没有必要继续下去了。

我向你保证，你的孩子比我的狗狗聪明多了。

我为何要举诺玛的这个例子呢？我想指出的是，只要严格地按照这种方式处理问题，我们总能够得到相同的结果——不良行为能够被消除。所以，如果你正冲孩子大发雷霆（因为她开始想要紫色的袜子，现在又要粉色的），那么，请收回你所有的坏脾气。你只需要不去理它，你的孩子就不会有机会要求换不同颜色的袜子，也不会有机会跟你持续半小时地讨价还价了。你会发现，根本用不着发脾气，问题就能轻松得到解决。

在继续下面的章节之前，请先跟我一起回顾以下重要内容：

1.受到强化的行为总是会被不断地重复。

2.受到负面回应的行为仍然会被不断地重复，因为任何形式的关注实际上都是一种强化。

3.两种主要的行为动机：想要得到某些东西，或想要逃避某些东西。

4.没有受到强化（或被忽视）的行为将不再出现。

　　当我进入一户人家，并观察每一个家庭成员时，总是尽量让自己成为这个家庭的旁观者，不参与任何家庭活动，因为我希望自己能完全从一个旁观者的角度观察问题。我甚至有时会待在另一个房间里，听着家里发生的一切。好在，孩子们很快就忘记了我在那里。

　　在之前的电话咨询中，我让父母们告诉我孩子一天中最难缠的时间段。我发现，位居榜首的是每天早上以及下午4点到晚餐之间的这些时间。于是，我总是在这些时间段去访问这些家庭。

　　在不同的家庭里，我总会看到类似的情景：到了晚饭时间，大多数父母都已精疲力竭，没有心情去跟不听话的孩子们纠缠。他们中的许多人已经工作了一天，而其他一些不用上班的人也因为一整天独自一人照顾孩子感到孤立无援、疲惫不堪。这是一段非常神奇的时间。你猜我观察到了什么？

　　父母会对着孩子们吼叫。即便是没有对孩子吼叫，他们也常常会对孩子们冷嘲热讽。有些父母甚至会残忍地嘲笑自己的孩子。不知道这是否是因为他们缺乏倾听所致。最后，有的父母放弃了对孩子的教育以及平时定下的规矩，完全屈服于孩子们的无理要求，因为他们已经没有精力一直跟孩子斗下去。

　　"好吧，你可以看《饥饿游戏》。"

　　"好吧，玩一会儿视频游戏吧，即便这个游戏的任务是暗杀一个逃跑的杀人犯。"

　　"好吧，用玩具枪打你妹妹吧。"

　　……

　　实际上，在这个时候，父母们应该做的只是不要理会他们！不要对他们大喊大叫，不需要跟他们讨价还价。无视它们！不需要向孩子们屈服。如果你很容易被孩子的不良行为搞得火冒三丈，或者曾经因此而一次次放弃原则，那么，此刻请无视它们！这将改变你的生活。

那么，这个奇迹多久才开始奏效呢？其实只需要一会儿工夫。通常，孩子们没被强化的行为在几天内就会消失。等等……什么？是的，只需要几天。

想象一下，如果有两条路可以到学校去接你的孩子。其中一条路交通十分拥挤，而且有许多红绿灯；而另一种路虽然路程稍微远了一些，但从来不堵车，走这条路显然更快。你认为自己需要花多长时间才能决定不走那条交通拥挤的道路？

当然不需要多长时间。那么，孩子们也是如此！

现在，你已经准备好学习怎样合理地忽视孩子的不当行为了吗？

让我们现在就开始吧！

行为消除的概念曾被用于一项关于消除校园欺凌现象的有趣研究。由于校园欺凌现象常常受到来自旁观者的强化，于是，研究人员制订了一个计划，通过降低社会舆论关注来消除欺凌现象。

他们假设，如果欺凌行为没有受到来自教师和学生的强化，它将会大大减少。所以，他们要求整个学校和社区对于欺凌行为既不埋怨、不抱怨，也不欢呼、不起哄（这意味着欺凌行为的受害者不埋怨、不抱怨，而旁观者不欢呼、不起哄）。

他们同时教导学生们：这是一种恃强凌弱的行为，一旦发现就应该勇敢地对它说"不"，然后直接走开。作为欺凌现象的旁观者，也被教导采用同样的方式面对这种现象，并且要求他们应该帮助被欺凌者立刻走开。

研究取得了惊人的结果：欺凌行为大大地减少了，而且旁观者支持欺凌的行为也大大地减少了。

从这个事例中我们可以看到，相同的概念在不同的情况下发挥了同样的作用。

本章要点回顾

■ 无论以何种方式受到强化的行为，都会被不断
　重复。

■ 通过不回应和不去强化它，可以彻底消除一种不当
　行为。

■ 当对某种行为的回应发生变化时，该行为也会随之
　改变。

Chapter 3

孩子的哪些行为不需理会

　　我知道，你现在很想将这一理念立即付诸行动。我并没有责怪你的意思，相反，我为你感到高兴，同时也无比兴奋。但在开始行动之前，我们必须弄清楚孩子的哪些行为应该被忽视，哪些则不能。

　　孩子们的许多恼人的、令人沮丧的行为的确应该被忽视，但本书绝不是让你跷着二郎腿翻阅着杂志，任由孩子们独自在马路上玩耍。

　　本书实际上是教导父母们选择性地忽视孩子们的行为问题。通常，父母们只是看上去没有理会他们的孩子，但实则对孩子非常关注。当孩子的行为发生变化时，父母会立即做出相应的反应。你将在第四章中学习具体的做法。

　　通过多年来的观察，我发现，家长们非常渴望改善家庭生活。然而，他们的努力常常无法收到预期的效果。当我刚刚给他们提出建议时，他们经常告诉我："哦，我已经试过了，但没有效果。"的确，他们并没有说谎。他们确实努力地想按照从某些地方读到或学到的方法进行改变，但总是因为一些细节问题而功亏一篑。

所以，当我与这些父母合作时，我通常会事先利用两周的时间与他们进行电话或电子邮件沟通。我之所以这样做，是因为在进行一项新的方法时会存在着学习曲线①。通常情况下，当一个新方法刚刚被采用时，父母会变得非常慌乱，甚至会放弃他们的一切努力以及美好的愿望。为了避免出现这种情况，我们需要事先多做些准备。

由于有太多你应该忽视的东西，所以，让我们先来辨别一下哪些是不能被忽视的行为，如此，我们就更容易掌握具体做法。我们只能忽视那些会因为受到强化而产生直接结果的行为——当某种行动因我们的强化得到了好处时，它很可能会被不断重复。

相反，一个没有被强化或无法从中得到好处的行为是不会被重复的。这就是行为消除的基本观念。然而，有些行为不需要任何强化，完全是发自本能的。在这些情况下，采取忽视的方法不仅不会有任何优势，还很可能因此产生一些潜在的负面影响。

由痛苦或恐惧引起的哭泣就是一个例子。

并非所有的哭泣都是一样的，我在这里所说的并不是"鳄鱼的眼泪"（虚伪的情感表现）。你完全可以不去理睬孩子们那些戏剧性的表演，但你不能忽视的是由于痛苦而引起的哭泣。痛苦可以是身体上的，也可以是感情上的，忽视这些痛苦是不明智的。真实的情感流露并不是来自某种形式的强化，因此，忽视它是不恰当的（当然也有例外，我会在这本书的其他部分进行说明）。

在我前面所举出的例子中，一些父母给了孩子所渴望的关注，一

---

① 学习曲线（Learning curve）即"在一定时间内获得的技能或知识的速率"，又称练习曲线（Practice curves）。

个孩子靠哀求和胡搅蛮缠说服了父母给她买玩具。然而，有时候，孩子们表现出的行为并不会立刻得到父母的奖励，而是会对自身产生不好的影响，比如暴饮暴食。

孩子们（成年人也是如此）会从进食中得到乐趣。当他们情感受挫时，他们会通过不停的进食来缓解压力——不管是不是已经吃饱了，他们不停地吃。大多数暴饮暴食者必须在父母和朋友的帮助下才能消除进食的欲望。在这种情况下，忽视他们显然是不明智的。所以，任何会对自身造成不良影响的行为，都不应该被父母忽视。

除了上述行为之外，家长也不应该忽视那些孩子们不愿让父母关注的行为。就以之前那个想要饼干的孩子为例。一开始，他向父母要一块饼干，但父母不同意。下一次，如果孩子认为反正跟父母要也会被拒绝，不如干脆自己拿来吃好了。这是一种品德问题，不应该被忽视。无视偷偷摸摸的行为，只会纵容该行为继续发生。这种情况下的放任自流，对行为者而言就是一种变相地激励。

孩子的违法行为也是不能被忽视的，所以，对蓄意破坏、偷窃或殴打等行为都需要小心处理。表现出极端暴力行为的孩子更不应被忽视，虐待自己兄弟姐妹的孩子也是如此。因为对这样的行为进行必要的制止虽然是一种强化（给予了行为者想要的关注），但如果眼看着其他孩子受到伤害而不去理会，这显然是不道德的。

如果你的孩子存在上述行为问题，我建议你到相关心理健康专家那里去寻求帮助和治疗。本书所述的行为改善的方法可能会对孩子有所帮助，但心理专家的治疗和监督显然更加安全、有效。

事实证明，本书的方法在许多患有发育障碍和精神问题的儿童身上得到了成功应用，其中包括患有自闭症和多动症的孩子。然而，表现出自残行为的孩子则需要一些特殊的手段来防止过度的自我伤害——这些孩子会由于各种原因割伤自己、撞击头部、用力过猛或者咬伤、抓伤自己。如果他们这么做是为了引起周围人们的注意，那么，不去理会他们的这些行为会有一定的帮助。但是，如果是由于其他的一些原因（比如消除身体的疼痛、自我安慰、沮丧或感觉缺陷等等），一味地忽视他们，而对行为产生的根本原因不予仔细分析，显然是不恰当的。

还有一种行为也不应被父母忽视。当我对各个家庭进行观察时，我注意到，父母们总爱不厌其烦地纠正孩子们的问题，或者喜欢对孩子们唠叨，而他们对于孩子的良好行为却很少给予及时的鼓励。问题不在于孩子们表现得是否守规矩，也远不是"会哭的孩子有奶吃"的问题。不幸的是，父母们有时候在不知不觉中打击（或漠视）了孩子们的良好行为。

到目前为止，我主要讨论的是对孩子们的不良行为采取消极处理的方法。但是，当孩子做出非常好的行为时，父母却经常没有及时给予积极的鼓励。并非父母们故意这样做，而是不知不觉地就这么做了。如果得不到持续的积极回应，孩子们有时会认为自己做的事情是不值得的，他们就不愿再做这些事了。本书将教会你怎样对你希望看到的行为进行积极的强化，同时不去强化那些你不喜欢的行为。

最后，究竟什么行为是应该被忽视的？

如果我让父母们列出孩子身上五种最令他们头疼的行为，多数人都难以做出选择。只有五种吗？十、十一、十二、三十、四十种怎么样？

一般来说，这张列表上的行为是应该被忽视的。

例如，就像下面这样恼人的噪音——

BLEEEEEEP.

BOOOPY.

BOOOOBY.

SHLOPSCHUP.

MEMEMEMEMEMEM.

HMMMMMMMMM.

LALALALALALAL.

HIPPIE YIPPIE KAJIPPIE MAPIPPIE FLADIPPY.

想象一下这些字母组合以一种令人寒毛直立的、如同指甲刮在黑板上的方式说出来的情景。一旦你听到这样令人难以忍受的噪音，往往会火冒三丈地大喊："别再说了！真烦人！" OK！你的孩子马上就会意识到这样做管用了——他们从此会一发而不可收拾。所以，父母应该对一切无用或恼人的噪音、嗡嗡声、口哨声和婴儿般说话的声音不予理睬。

让我们再次强调，父母对一切恼人的行为都应该不予理睬。有两个理由让我们忽视这些行为。

如果它们本质上是为寻求关注（为了得到父母的反馈），那么这些行为一旦被忽视就会消失，这就是典型的行为消除。另一个原因是，如果你的孩子是在一种不自觉地状态下做的这些事情，那么你就更不应该用你的关注去强化它们。你的责备只会伤害孩子的自尊心，因为他根本不知道自己在做些什么。这么做无论对孩子或父母都没有任何好处，所以请忽视它们。

你的家里是否有一个小小的"戏剧女王"或"戏剧王子"呢？我的意思是——那种可能会搞砸一切事情的孩子——他们的需求全都是极其重要、非常紧急的。在他们的剧情当中，前一分钟他们可能正饿得快要死去，下一分钟就可以兴高采烈地玩耍了。

他们常常大声地抱怨，但实际却完全与之不符。例如，一点轻微的割伤或擦伤就需要父母极大的关注，又是需要创可贴，又是需要冰袋。当父母的回应不符合孩子们预想的剧情时，他们便抱怨说："没人爱我"，或是"你对我太刻薄了"，也可能是"我快要死了"。

戏剧女王和王子们用情感操纵着父母们按照他们设计的剧情去做。父母们则往往为了避免事情闹到不可收拾的地步而向孩子妥协（虽然他们也经常说"不"）。通过阅读前文，你应该已经知道了，对孩子先说"不"，然后说"好吧"，只会触发孩子坚持不懈地对抗，直至得到他们想要的结果。

如果你有一个擅长"戏剧表演"的孩子，那么，现在就请你尝试不去理会他们的这些行为——任何夸张的、与实际情况不符的、戏剧性的行为都应该不予理睬。

抱怨，是孩子们拥有的另一种强大的技能。它往往发生在你向孩子下达了一个指令——比如"打扫你的房间"，或当他们的要求遭到拒绝之后。每个孩子发牢骚和抱怨的声音是不同的。但一般来说，它们都是以那种长时间的、声调极高的可怕方式呈现的。

孩子们这样做的唯一目的就是消磨父母的意志。他们不停地抱怨，因为这样做非常管用，就像是一种魔法——即便只是偶尔管用也没有关系。这叫作"间歇性强化"，它仍然是强化的一种。间歇性强化的行为往往反复发生，而且比持续性强化的行为更难以消除。即使孩子们的抱怨没有得到想要的结果，他们也至少成功地引起了父母的注意，这与同父母讨价还价起到了相同的效果。所以，不要理会孩子的任何抱怨或是一切讨价还价。

间歇强化指的是偶尔发生的强化行为。孩子们知道他们的行为有时会得到想要的结果。即使有时他们的行为不能获得预期的结果，至少也会有希望。因此，间歇性强化行为更加难以根除。

意志力的斗争就像国家之间的谈判一样——双方都寸步不让，为此不惜一切代价。众所周知，青少年在这场战斗中表现得非常出色。他们的坚韧和毅力无法比拟。然而，即便是蹒跚学步的孩子也会在这场战斗中采取一切可以利用的手段。

孩子的年龄并不重要，一旦家长陷入意志力斗争的漩涡之中，就必须在其中倾注大量的精力。因此，只要父母与孩子之间产生了争论，战争就会不可避免地开始。此外，争论容易使人精疲力竭，而且容易让人说出伤人的言语。因此，最好的做法是不要加入争论之中，忽视所有想要让你陷入其中的企图——忽视孩子们所有企图改变你的想法的纠缠和哀求。

我之前提到过，你不能忽视孩子因为疼痛而引起的发自内心的哭泣。但你可以而且应该不理会一切假哭。那么，你怎么才能辨别出什么是虚情假意的感情呢？

没有眼泪的哭泣，就是一种典型的假哭。还有那种在被父母注意时哭得越发厉害的哭泣。有时候，孩子们已经平静下来了，但当大人（尤其是吃这一套的人）靠近时，他们就会重新开始歇斯底里地哭泣。这种情况之下，也请你不要理他。当孩子平静下来时再跟他沟通，但千万不要对虚假的眼泪给予任何关注。

许多孩子非常清楚父母的弱点。例如，我认识一位母亲，她极不能容忍孩子没有礼貌的行为，孩子们的顶撞很容易让她发怒。她的孩子们很清楚这一点，并且常常利用这种方式来激怒她。

此外，有些孩子喜欢骂人，而另一些则用无礼的话来伤害他们的父母。

"你又胖又丑，没人会喜欢你！"

"你做的饭难吃透了！"

"我讨厌你，别人也跟我一样讨厌你！"

"你是世界上最小气的爸爸！"

这些谩骂的语言所造成的伤害远远超出孩子们的本意。当孩子们这样做时，会让我们感到痛苦且不安。我们很难做到对此置之不理。

但是，此时你不能对它们有所反应。如果这些令人震惊的、缺乏尊重的语言只是为了伤害你的感情，你必须学会不去理会它们。

一些父母正在努力学习如何更好地无视孩子们的坏脾气。但以我的经验来看，大多数父母无法做到无视所有的坏脾气（这就变成了间歇性强化），尤其是孩子们在公共场合乱发脾气，比如孩子们喜欢在超市里或在咖啡店里这么做，父母此时往往很难忽视孩子的胡搅蛮缠。但是，每当父母对此有所反应，孩子们就会从中学习到如何利用它来满足自己的欲望。**因此，必须在任何场合都不去理会孩子们的坏脾气！**

接下来要说的可能是最难以忽视的一种情况。我甚至有些难以下笔，因为，说实话，这个画面让我不愿直视，而且这让人很难不屈服——有些孩子通过装病的方式要挟父母。这些孩子并没有生病，但他们能够以某种方式让自己呕吐——可能是从一次偶然的过度发脾气引发的呕吐开始的。当父母对这样的情况迅速反应并满足了孩子的要求时，他们很快便掌握了这种方式，并将其转化为一种要挟父母的固有模式。

所以，此时不要屈服，不要在孩子呕吐时对他们的无理要求妥协。等孩子安静下来，你再去清理干净就可以了。忽视这种行为的关键在于完全不要有所反应。关于这一点，我将在第四章中进行详细说明。

下面列出了孩子们应该被忽视和不应该被忽视的行为。在第四章中，我将帮助你找出你的孩子身上应该被忽视的具体行为。

应该被忽视的行为	不应该被忽视的行为
假哭（或者没有眼泪地哭）	由于害怕、疼痛以及真情实感引起的哭泣
发脾气	偷盗
粗陋不堪的言论	鬼鬼祟祟的行为
诅咒和谩骂	蓄意破坏
不听从安排	极端危险的行为
发牢骚	不愿让父母关注的行为
无休止的抱怨	自残行为
胡搅蛮缠	暴饮暴食
哀求	违法行为
讨价还价	良好的表现
寻求关注的行为	
不礼貌的语言	
意志力的斗争	

■ 只需无视那些受到强化会产生直接结果的行为。

■ 不能忽视那些会对自身造成不良影响的行为。

■ 不能无视孩子们企图通过它让他们有机会独处的行为。

■ 不能无视那些危害自身和他人人身安全的违法行为。

■ 必须无视孩子们所有恼人的行为。

■ 必须无视孩子们所有过度的表现和夸张的表演，以及虚假的哭泣。

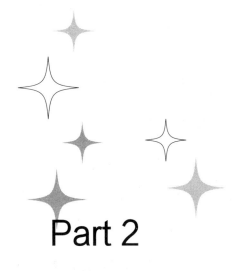

Part 2

如何忽视

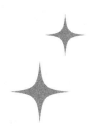

Chapter 4

如何开始你的行动

别理他！你的焦虑是因为对孩子关注太多

　　艾米准备开车送两个儿子去参加一个生日晚会。当她发动汽车时，电台里正在播放她最喜欢的一首歌曲——埃尔顿·约翰的《Mona Lisa and Mad Hatters》。她试着跟她的孩子们解释，告诉他们这是她非常喜欢的曲子。

　　"等这首歌结束了，"她说，"我就把电台调到你们喜欢的频道"。

　　她想教会孩子们——收音机属于每个人，大家应该轮流听自己喜欢的节目。

　　可是，她刚说完这些话，她的大儿子查利就开始大声埋怨起来："但是为什么要让我们等啊！"

　　艾米平静地说："因为我喜欢这首歌，我打算听完它。"

　　可是查利一点儿也不喜欢。

　　"啊！"他尖叫着，"这首歌难听死了！把！它！关掉！"

　　他在座位上前后摇晃着，直到艾米再也受不了了。她转向查利，愤怒地说："好吧。这是你的音乐。高兴了吗？"

艾米一边气急败坏地朝他吼着，一边将电台调到他们想听的流行歌曲频道，收音机里传来肖恩·蒙德兹的《Stitches》。她喘着粗气坐在座位上，觉得自己像个泄了气的沙袋。这时，查利的脸上露出了满意的笑容。他赢了，他们都知道。

实际上，当汽车发动的时候，艾米就应该尝试着忽视孩子们的行为了。

现在，让我们来看另一个场景：

艾米准备开车送两个儿子去参加一个生日晚会。当她发动汽车时，电台里正在播放她最喜欢的一首歌曲——埃尔顿·约翰的《Mona Lisa and Mad Hatters》。她试着跟她的孩子们解释，告诉他们这是她非常喜欢曲子。

"等这首歌结束了，"她说，"我就把电台调到你们喜欢的频道"。

她想教会孩子们——收音机属于每个人，大家应该轮流听自己喜欢的节目。

可是，她刚说完这些话，她的大儿子查利就开始大声埋怨起来："但是为什么要让我们等啊！"

艾米什么也没说，不理查利，因为她已经跟他们解释过了。

"为什么我们现在不能听呢？"他问道。艾米听到了查利的话，但是没有理睬他。她喜欢这首歌，并跟着哼唱着。

"啊！"他尖叫着，"这首歌难听死了！把！它！关掉！"

然而，艾米专心地听着歌，根本不理会查利。最后，查利放弃了，安安静静地坐在座位上。

当歌曲结束以后，查利问道："现在，你能放我们的音乐了吗？"

艾米说："当然可以。"她将电台调到孩子们喜欢的频道，查利脸上露出了开心的笑容。电台里开始播放肖恩·蒙德兹的《Stitches》。

艾米也微笑着，因为她知道查利刚刚学会了——争论和抱怨并不能让她改变主意。

此后，当艾米告诉孩子们她爱听的歌曲结束之后她才会换台时，查利就会点头同意，然后和弟弟玩耍起来，没有任何争论和埋怨。

……

本书的前几章介绍了选择性忽视孩子行为问题的基本概念。在学习之前，掌握这个方法的内涵非常重要。正如第三章中向大家介绍的，在很多场合下它并不适用——你不应该对一个受到伤害或感到害怕的孩子视而不见；当你的孩子由于自身的发育问题无法完全理解你的意思时，也不应该对他置之不理；当你的孩子有可能让自己或别人遭遇危险时，千万不能忽视他们。

掌握了上述这些原则，你就可以满怀信心地开始行动了。

了解什么行为是不可以被忽视的是至关重要的一环。然而，了解什么行为是你可以放心大胆地忽视的更加令人兴奋（是的，令人兴奋）。在第三章中，你已经知道，对孩子们诸如大声喧哗、敲铅笔、打闹等等令人讨厌的行为完全可以置之不理。你也可以不去理会他们寻求注意力的行为，例如抱怨、讨价还价等行为。

嗯，魔法就从这里开始。

此外，还有一个重要的原则你必须清楚。当你正在超市结账，假装没有看到你六岁的双胞胎一个劲儿向你讨要一包泡泡糖时，其他顾客可能会向你投来鄙夷的目光。他们也许在想："赶快给他们买那该死的泡泡糖吧，让这两个烦人的孩子快点闭嘴。"

无论你此刻正承受着多么不友善的目光，或者别人的指指点点令你感到多么尴尬，你应该清楚的是：此时，你一旦给孩子买了他们想要的东西，只能强化孩子们的不良行为，并促使它一再发生。

你必须保持足够的信心，知道此刻对孩子们进行的行为矫正是一套经过成熟研究的有效方法，它已经在许多孩子身上成功地应用了几十年了。

行为矫正 是系统地对行为进行评估和改进的规则和方法。

我将在本章中帮助你确定如何开始行动。

下面，我将列出一些触发条件（孩子对待你的一些方式）。一开始，你可以先不必着急去忽视孩子的所有行为，而是先关注这些触发条件。你将会从中学习如何评估你对孩子各种行为的反应，从而了解为何它们是无效的。一旦你清楚了孩子的什么行为是应该被忽视的，我将教你具体应该怎么做。

到本章结束时，你将掌握所需要的全部信息，从此可以开始你的行动了。

本书的其余部分将帮助你获得最佳的效果，并告诉你在行动实施的过程中如果没有取得立竿见影的效果，如何解决所面临的具体问题。

你还将学习如何鼓励孩子们的良好行为。

本章中，我会介绍六个具体步骤：

第一步：观察和计划

第二步：列出需要改善的行为清单

第三步：忽视

第四步：倾听

第五步：重新回到孩子身边

第六步：修复

第一步和第二步是在你第一次实施这个方法时必须进行的步骤。它们将帮助你清楚地了解你的行动目标，然后开始行动。如果你在实施的过程中由于一些原因不得不暂停行动，在你重新开始之前，你只需要重新审视并完善这两步即可。

第三步到第六步是每一次忽视行动都需要做的过程——它们是忽视、倾听、重新回到孩子身边和修复亲子关系的过程。我将在本章详细地介绍这些步骤。

有一个方法有助于更加容易地记住第三步到第六步：请记住——"我喜欢放松地阅读（I like relaxed reading）"这句话。这个句子中第一个单词的第一个字母代表第三步的第一个字母，而其他三个单词的前两个字母分别代表第四步至第六步的前两个字母。

即"I"代表"忽视"（Ignore），"Li"代表"倾听"（Listen），"Re"代表"重新回到孩子身边"（Re-engage），"Re"代表"修复"（Repair）。这个方法可以帮助你记住这几个主要的步骤。

我在这里有意使用了"放松"这个词，是希望提醒你为了能够看上去真的像不理会他们的样子，你一定要表现得非常放松。如果这时让你的孩子看出你在生气（即使你一句话也没说），那么你的行动将毫无收效。所以，你必须没有丝毫的反应。

想一想肯尼·罗杰斯①的《赌徒》，你坐在桌前，手里握着一把烂牌，但绝对不能让任何人知道你手里究竟是什么牌。现在，情况也一模一样。

我将在步骤三中对此做进一步地说明。现在，请反复默念："我喜欢放松地阅读（I like relaxed reading）"这句话，并将它写在这本书的扉页上。当你确定已经可以做到它的时候，就可以开始第一个步骤了。

第一步：观察和计划

在行动开始时，你需要做一些计划，使之更加适合你的家庭状况。你不能简单粗暴地忽视孩子所有不好的行为，因为有些行为可能是你必须进行纠正的。就拿餐桌礼仪来说，如果你只是希望孩子在进餐的时候不要胡闹，你大可不必去理会他们。但是，如果你想教会孩子如何使用餐巾或用勺子喝汤的正确方法，你就不能对他们不正确的行为置之不理了。

在开始行动之前，你必须确定哪些是最急需解决的问题，你的孩子最让你生气的是什么事情？

对我来说，让我最无法忍受的是在我已经拒绝了他们的请求之后，

---

① 肯尼·罗杰斯（Kenny Rogers），美国乡村歌手，1938年8月21日出生于美国德克萨斯州赫斯顿市，著名的叙事歌曲《赌徒》(the gambler)是其代表作品之一。

他们还试图跟我讨价还价。比如，我的女儿想吃甜点，我已经对她说过了——"今天不行。"可是，她仍然不停地继续哀求了不下10次，并且每次都是以不同的方式（绝望地、愤怒地、委屈地，等等）。她之所以坚持这样做，是因为她知道在某些我意志力比较薄弱的时刻——她的这种方法是管用的。

对于我的朋友罗丽而言，她最不能忍受的是儿子恶狠狠地看着她，然后开始扔玩具。是的，他知道自己不应该这么做——他经常听到妈妈说："我们不扔玩具了，好吗？"然而，他根本停不下来。

这两种情况让我和罗丽几乎出自本能地要对孩子做出反应。这对我们的刺激实在太强烈了，如果之前没有做好适当的准备，我们根本控制不住自己的反应，从而强化了孩子的不良行为。

这会促使我们发怒，我们的孩子非常清楚。

现在，请你问问自己：孩子最容易引发你的怒气的行为是什么？什么会让你失去理智？孩子们的什么行为会让你觉得就像是铅笔刺中了你的眼珠？

对一些父母来说，这很容易回答。他们能一五一十地说出孩子们常有的10~15个令他们发疯的行为。但对另一些父母而言，他们只是感觉很沮丧、很愤怒，但似乎并不是很清楚具体是什么行为一直在惹怒自己。那可真是太糟了。

让我们在开始行动之前做一个练习，帮助你知道应该从哪里开始行动。深入地了解你和孩子之间的互动，将会帮助你更有效地让它发挥作用。

现在，请将自己想象成一只苍蝇，当你在教育孩子的时候一直跟在自己身边。它看到了些什么？你因为什么事情正在责备你的孩子？是什么让你提高嗓门？你正在教训孩子的什么行为？什么原因让你教训他？你的孩子采用什么方式来吸引你的注意力……

我知道你正在想什么，你很想直接掠过本章，跳到下一部分。请你千万别这么做。如果你想让行动达到预期的效果，那么，理性地分析自己的教育方法至关重要。"别理他"的这个过程不仅关乎你的孩子，它也关乎你自己。

附录B中有一张观察表（我将在下面举一些例子）。在这张表格中记录下孩子的行为以及你对它们的反应。请你试着观察并记录至少10次你和孩子之间的互动。那些平常有大量时间陪伴孩子，或对孩子的管教比较多的家长很快就可以完成这张表格。但对那些需要上班的父母或对孩子的管教相对较少的父母来说，可能需要多花一些时间才能完成。

请你一定要坚持将它做完，因为这是非常重要的一个环节。

有些人不知道怎样观察自己，又或者，当他们知道自己正受到监控时，他们的行为会变得很刻意（即使监视者是他们自己）。对于这样的父母，我建议你们在手表或手机上设置一个闹铃，让它每小时提醒一次。每当听到闹铃响起，就记下当时正在发生的事情。如果此时有值得注意的地方，也请记录下来。这样，你就可以完成你的表格了。

让我们通过下面的示范来试着填写你的观察表：

日期	时间	父母情绪测评 分 1~10 分 （1 分为高兴；10 分为极度沮丧、 慌怒或已到达崩 溃边缘）	事件	父母的反应	触发条件
星期一	早上 8 点	9	我没法让瑞秋穿上鞋子去上学。她在屋子里跑来跑去，笑个不停	我不停地叫她马上出来。我告诉她如果再不出来，我会让她好看。接着我生气了，冲她大叫起来。后来她出来了，但我感觉糟糕透了	瑞秋完全不理会我说的话

时间		发生的事	我的反应	总结
星期一 中午12点	8	瑞秋不肯好好吃午餐。她把午餐扔着玩，还把它们扔在地板上，把牛奶洒在这意大利面上。我想让我们可以在下午3点去学校接她的哥哥。我越来越受不了了	我一直叫她快点吃。然后我开始求她。我跟她说，我必须去之前接她哥哥，而且她也必须得在这之前睡一觉。可她觉得这个游戏很好玩，想一直玩下去	瑞秋搞得我快要崩溃
星期一 下午4点	7~8	我的儿子尽管知道我不喜欢他这样，但还是在写作业的时候一边唱着歌，一边不停地敲铅笔	我叫他不准一边唱歌一边不停地敲铅笔。过了好久，他仍然面带微笑，对我的话不理不睬。最后，我只好让他到隔壁去写作业	一边唱歌一边不停地敲铅笔
星期一 晚上7点半	10	我精疲力竭，想尽快让孩子们上床睡觉。但他们在浴室里打打闹闹，根本没在打算睡觉。他们笑闹着，我听见他们策划着如何拖延上床睡觉的时间	我冲他们大喊大叫，威胁他们，再次冲他们吼叫。每当我叫喊的时候，他们就咯咯地笑。他们知道我很生气，但这对他们来说很有趣。这让我感到挫败。最后，我只能抓着他们的胳膊把他们拽到了床上	孩子们联合起来想要打乱我的计划

　　我在表格里加上了父母情绪评分一栏，因为你的感觉和对孩子所实施的惩罚密切相关。当你心情放松、愉快时，你很少对孩子大喊大叫，也不会经常惩罚他们。而且，对于有些可笑或恼人的事也会感觉很有趣，比如孩子们故意放屁，会引得你发笑而不是教训他们。相反，当你感到厌烦或愤怒时，你会对那些恼人的事情更加敏感。

　　父母对自己情绪的评分是必不可少的。你下班回家时可能已经筋疲力尽。可能你的上司当着整个团队的面指出你的错误；也可能在你去跟一个重要客户开会之前不小心将汤汁溅到了领带上；可能你座位隔壁的家伙由于流感，不停地咳嗽；最后，可能你在回家的路上整整堵了45分钟，这使你很晚才到家接替你的保姆，这意味着你不得不多付她一小时的工资。于是，当你走进家门的时候，你变得不那么宽容了，对孩子们的容忍度也变得极低（当然，你也是人）。

　　当父母到达了忍受的极限时，他们往往更容易失去理智，但表面上可能什么也看不出来，这使得他们更容易做出不理智的行为。这时，他们要么很容易向孩子妥协，要么对他们实施过度的管教，孩子们的打打闹闹和发出的噪声都会让他极其厌恶。

　　他们会冲着孩子吼叫，因为管教孩子让他们心烦意乱，他们宁愿干脆向孩子妥协、放弃原则，从而换来睡在柔软的床上的片刻安宁。

　　切记，在进行第二步之前，先完成上面的调查表。

第二步：列出需要改善的行为清单

　　当你完成了观察表，你应该对自己的教育力度有了更多的了解。

你一定可以从中了解到孩子的哪些行为更容易激怒你，以及你对它们通常的反应。那么，在这一步中，请你关注这些触发行为，以创建出需要忽视的行为清单。

但是，列入表中的并不是你需要关注的全部行为。换句话说，你不必忽视清单上的全部行为。相反，一些不在清单上的行为你可能也需要忽视。

简单地说，创建清单的目的是帮助你将自己与孩子的具体行为联系起来。这样，当你看到孩子表现出这里面的某种行为时，马上就知道应该忽视它，而不是对其有所反应。

    下面是一些典型的触发行为：

·从后面踢你的汽车座椅

·吃晚餐时不能安安静静地坐在座位上

·磨磨蹭蹭

·高声说话或吼叫

·用胳膊肘推人

·把吃的东西弄得乱七八糟

·抱怨

·糟蹋书本，乱扔玩具

·打闹

·故意像婴儿一样哼唧

·啃铅笔或敲铅笔

·啃指甲

· 吹口哨

· 用袖子擦嘴巴

· 哀号

· 咒骂

· 没有礼貌的行为

孩子们之所以做很多事情来引起父母的注意——寻求更多关注往往是他们行为背后的真正目的。孩子们大声恳求或跺脚，发脾气，有时甚至打人。为什么？因为他们想要得到父母的回应。他们想让你注意到他们、看到他们、关注他们。这样做通常非常管用。即使他们没有得到想要的（多玩一会儿游戏或再吃一块饼干），但他们至少得到了你的关注，这对他们来说是仅次于饼干或游戏的最想要的东西。

通常，它足以促使孩子们去做这些事。

我们再来看看这个例子：

杰森今年4岁。几个月前，他有了一个叫提姆的弟弟。在这个讨厌鬼出现之前，杰森是父母心目中的小太阳，是他们的一切。现在，杰森虽然并不想这么做，但他不得不力争得到父母的爱——哦，提姆不可爱！提姆很糟糕！看看提姆的微笑！提姆！提姆！提姆！

糟糕的是，那个可怕的婴儿肯定会引起很多的关注。他总是不停地要喝奶、要换尿布，让父母不能和杰森一起玩儿。杰森厌倦了竞争，如果他决定采取行动，那么，你可以想象得出当他没能得到想要的拥抱时将会做些什么——这样做至少可以让爸妈暂时离开那个婴儿。他的计划很有魅力，因为每当杰森乱扔玩具或爬到他不应该去的地方时，父母就会立即将注意力转向他。

　　通常，这样的情况只发生在孩子身上。以温妮为例，她是一个讨人喜欢的小姑娘。她的父母经常带她出去吃饭和郊游。温妮习惯于引起人们的注意。有一天，在操场上，温妮迫不及待地告诉妈妈，她在双杠上做了一个翻转。然而，妈妈正忙着和老师谈话。温妮知道她应该等着，而不是打断妈妈的谈话。但她实在是太激动了，于是她跑到妈妈跟前试图插嘴，妈妈悄悄告诉温妮等一会儿。

　　温妮忍耐了几秒钟，然后变得焦躁不安。她开始使劲拽妈妈的衣服，拍她的肩膀，低声说："妈妈，妈妈，妈妈，妈妈。"

　　最后，妈妈终于回头冲她喊道："到底是什么事？！"

　　Yes！温妮立刻就可以告诉她关于翻转的事了。尽管妈妈现在可能很不高兴，但这些都没关系。重要的是，温妮成功地引起了妈妈的注意，并且能够立刻告诉她这个消息。

　　OK，任务完成。

　　我在前面的清单中已经列出了孩子们许多寻求关注的行为，但你的孩子可能会有自己独特的行为方式，请留意它们。

　　在你的清单上还应该列出这样一类行为——你的孩子可能因为自身的健康问题所导致的难以控制的行为。例如，患有ADHD（多动症）的孩子可能很难安静地坐在座位上，或者做作业会让他们非常烦躁。要知道，患有自闭症的孩子可能会发出大声的或重复的声音。

　　对于这样的孩子，惩罚是于事无补的。此外，你的孩子可能知道自己无法控制这些行为。所以，一直不停地要求孩子停止这些行为只会增加他的挫败感。忽视这类行为可以帮助你更好地将注意力放到那些孩子能够控制的行为上。

第三步：忽视

你可能会问自己："忽视我的孩子到底有多难？"

我的回答是："它真的非常难。"

在亲子互动模式中存在着一种天然的诱惑力。当孩子们（也可能是成年人）触及了你忍耐力的底线时，要抑制此刻的冲动是非常困难的。这是相当棘手的问题，但你一定可以做到。

现在，我来告诉你如何才能做到——假装。

你假装不在乎你的孩子光着身子在家里到处乱跑；当你的女儿把玩具从箱子里扔出来以抗议游戏时间结束时，你假装这对你没有任何影响；如果孩子拒绝吃她三分钟前要吃的意大利面，你装作无动于衷。即使在内心深处，你可能沮丧、厌倦、疲惫、无计可施、非常生气。你真想对着墙壁扔砖头或者砸碎电视机，用最大的嗓门对着他或她喊："你到底在干什么？！"（或者类似的话。）

但事情是这样的：如果你的孩子看到这些，你就彻底输了。他们知道自己的行为正在折磨你，他们会坚持做下去的。

忽视需要一些技巧，你必须通过学习才能掌握它——因为它是违背人类本能的。如果你在餐馆里听到有人高声喧哗，你自然会回过头去看；如果有人在叫你的名字，你通常会应声答应；如果有人拍你的肩膀，你会转过身去。这些都是很自然的反应。相反，忽视周围发生的事情并不是人们通常的习惯。

选择性忽视的诀窍在于你并不是真的忽视你的孩子——你只是不参与、不介入。你听到并看到正在发生的一切，但你不做任何反应。这意味着你不能生气，也不能瞪大眼睛或发出任何声音。在此期间，你也不威胁或警告他们。你只需要去想一些让你愉快的事情，并让思想停留在那里，直到孩子们那些讨厌的行为结束。

我有时会告诉父母们背对着他们的孩子，然后走开。如果能够保证安全且可行的话，你甚至可以去另一个房间。你要努力瓦解与孩子之间的意志之战，并告诉你的孩子，他们的这种行为是没有用的。

当你无视孩子的行为时，你可以随意挑选一本杂志翻阅一下，深呼吸，或哼唱一首泰勒·斯威夫特①的新歌。你也可以忙着打扫房间、整理公文包或做饭。切记，不要跟他们有目光接触。你可以用你的余光来观察孩子的举动。你做什么都行，只要明确表示你对他们的行为没有任何反应就可以了。

通常，当孩子看到你这样做时，他们会认为你没有看到或没有听到，因此可能会让行为升级。这是正常现象，我们将在第八章中专门讨论这种现象（灭绝性爆发）。我在这里要说的是，这是解决问题必经的过程。你决定不去理会他们的这些行为，他们所做或所说的一切都不能使你改变主意。试着把它想象成一个你必须要赢的游戏。

关于忽视的有效技巧：

· 不要跟孩子有目光接触

---

① 美国乡村音乐、流行音乐女歌手。

· 开始忽视他们时，背对他们

· 看起来正忙着做别的事情

· 尽可能离开房间，远距离观察孩子的举动

· 不要以任何方式让孩子感到你被惹恼了

· 别发出让人感觉你很厌烦的声音

第四步：倾听

当你采用积极的方式忽视孩子的行为时，你其实一直在倾听并观察他们的行为。这是一个非常重要的步骤。正如我前面提到的，你并不是真的忽视你的孩子——你只是不介入。但我们不能一直不介入，我们必须知道何时介入——这就是为什么我们必须倾听。

请仔细倾听孩子的话。一旦你的孩子停止那些不良行为，你就可以进行第五步了。如果等太久，你的孩子就会变得沮丧，甚至会做出更加恼人的行为。忽视不是一种惩罚，也不是一种警告，它是一种改善孩子行为的方法。改善孩子的行为才是目标。所以，当你听到孩子不再抱怨或扔玩具时，请重新回到孩子身边（第五步）。

如果你忽视的是孩子由于某些自身原因或身体状况而令自己无法控制的行为，那么，这个过程可能略有不同。孩子可能会，也可能不会停止他们恼人的或无法控制的行为。家长唯一要做的就是忽视它！这样做不会影响亲子关系。

随着时间的推移，父母可能会突然意识到，他们不再关注这些行为了，他们完全学会了适应这些行为。"忽视"和"倾听"这两个步骤

帮助家长们从那些无法阻止的令人讨厌的行为中解脱了出来。

第五步：重新回到孩子身边

当父母选择性地忽视孩子的行为时，其目标是改善这些行为。父母此时用行动向孩子传递了这样的信息——孩子所做的事情是不被接受的（再次提醒大家，无法控制自己行为的孩子并不是想与父母进行意志力的对抗，因此也感受不到你对他们的忽视）。通过这个过程，孩子们明白了嘟哝和抱怨对于父母没有任何影响。当他们知道了这一点时，我们就需要重新回到孩子身边，对他们的行为进行教育。

重新回到孩子身边的时机，是在你短暂地不理睬他们之后，你可以情绪饱满地重新开始跟孩子的互动。这时，你可以跟他们交谈、玩耍或跟他们一起做任何事情。有些父母在经历了前面一段艰难的阶段后，仍然对孩子感到沮丧或气愤，但你必须把这些情绪抛之脑后，即使你是假装出来的也行。如果你怀着怨恨或没有给予孩子高质量的关注，很可能会再度激发孩子采取更加过分的行动。

你可以通过给孩子一些小饼干，或者问问他们在学校过得怎么样等方式来重新回到孩子身边。你也可以跟他们一起玩乐高或地产大亨（Monopoly）游戏。孩子哀求抱怨，是想让父母知道他们需要关注（尽管他们的行为有时是不适当的）。忽视孩子们的这些行为，并不能否定孩子需要关注的事实。所以，"忽视它"会教导孩子——有任何物质需求或寻求关注时，采用不适当的行为对父母来说是没有用的。

然而，父母也不能忽视孩子们不良行为背后的潜在需求。当这些行为停止时，请你满怀喜悦地立即给他们送上新鲜出炉的苹果馅饼。如果你做不到，记得假装做到。

我已经这样做过成百上千次了。有时会很轻松，在这期间我没有怎么激动，但有时我会感觉非常吃力。不管怎样，帮助孩子们进步的最快方法就是父母自己要向前看。

在重新回到孩子身边这一阶段，一定不要再去讨论之前的事，因为这样做并不是在向前看。千万别说："宝贝，我不理你是因为……"这会让状况回到从前，还会让孩子知道其实你一直在关注他们，这正是他们想看到的。

事前跟孩子说明你对他们的期待和要求会更加有效。关于如何向孩子明确地表达对他们的期望，我将在第十章中进行详细的讨论。

对了，当你试图重新回到孩子身边时，如果孩子仍然在发脾气或重新开始恼人的行为，请回到第三步——继续忽视它！

第六步：修复

有时候，当孩子们发脾气时，可能会伤害到别人或者损坏东西——当你不理睬他们时，一切可能都会发生。小乔安娜可能会将一盒蜡笔扔到地板上，也可能会砸到吉米；当妈妈不理她时，朱莉可能因为愤怒而踢打妈妈的腿……

如果此时孩子们的行为造成了一定的后果，需要孩子做出补偿，那么请在第六步中进行弥补。

这一步是可选的。只有当有人因此受到伤害、造成了某些财产损失，或出现了一些其他比较严重的问题时才需要进行。我们需要向受到伤害的人道歉，整理好孩子在发脾气时被扔掉的玩具或物品。

此外，可能也有一些事情需要父母道歉。如果你说了一些过分的话，那么，请向你的孩子说声"对不起"。让孩子知道你犯了错误，你愿意对它负责。这是非常重要的，它将有助于你从所忽视的行为中获得更好的改善。

"忽视它"并不容易做到。要做好它需要父母投入很大的努力，而孩子们非常擅长获取我们的关注。想要从他们的不良行为中抽身并保持冷静，需要丰富的经验和强大的内心。但正如我们在前面的章节中所讨论的，一方面这样做能够为我们带来巨大的好处，可以尽量减少孩子们寻求关注或令人讨厌的行为。另一方面，你会更加享受养育孩子的时光。而且，你和孩子都会感到更加愉快。它值得我们去努力。

"忽视它"一开始可能会让你觉得很别扭。对有些人来说，忽视孩子的行为是完全违背本能的，可能需要一段时间才能让你觉得这些观念是正确的。如果你到目前为止仍然感到疑虑，那么，我相信，接下来的章节将会对你有所帮助。

我会提供更多"忽视它"的例子，以展示它在实际中是如何起作用的。通过这些实例，我以上提到的所有概念都会变得更加清晰。

本 章 要 点 回 顾

■ 我喜欢放松地阅读（I like relaxed reading）：忽视
（Ignore）、倾听（Listen）、重新回到孩子身边
（Re-engage）、修复（Repair）。

■ 你对孩子采取的惩罚与你自身的情绪有关。

■ 处罚孩子自己无法控制的行为于事无补。

■ "忽视它"是一件很困难的事，需要在反复的实
践中完善。

■ "忽视它"实际上是一种积极的不介入的方法。

■ 倾听让我们知道何时应该停止行动并重新回到孩
子身边。

■ 不理会你的孩子时，尽量避免与他们的目光接触。

■ 重新回到孩子身边时，尽量开心一些，哪怕是装
出来的也行。

Chapter 5

实例分析

"细节决定成败"，这是一句古老的谚语，意思是一些看起来很简单的事情背后可能隐藏着一些影响成败的复杂因素。

你曾经迷过路吗？我相信没人从来没迷过路。有时你感觉要去的地方就在前面，但不知为何，你可能会在需要右转的时候左转了，然后就完全失去了方向——在成功路上的一个小小的失误往往会对结果产生巨大的影响。

我姐姐莉亚在上高中时有一次做奶油曲奇，她把所有的配料精心地排列在桌面上，但后来它们不知怎么被打乱了顺序，导致她在应该放发酵粉时放成了小苏打。结果烤出的就是一些小圆球，像是可以吃的橡胶轮胎，它们很快就被扔掉了。一个小小的失误将她精心准备的一切都搞砸了。

烤饼干时会发生这种事情，在我们教育孩子的过程中也是如此。"忽视它"在实施的过程中很容易因为某个环节的细微差别而完全失去作用。因此，我希望在本章中通过一些实例向你指出其中存在的潜在风险。

姐姐的发酵粉和苏打粉混淆的事情给我留下了深刻的印象，以至于我对用错原料产生了近乎偏执的警惕。当我自己烘焙的时候，总是一遍又一遍地检查食谱，并核对容器中的原料，以确保没有弄错。这让我在烘焙时从未犯过同样的错误。为什么？因为姐姐的前车之鉴让我变得特别小心。

当然，当你在使用"忽视它"的方法时，假如你回应了某些本不该回应的行为，也没什么大不了的。只要下一次当心一点，不要再犯同样的错误就行了。相信你下次一定会进步，因为你已经意识到了你的错误——就像我对于烘焙一样。

让我们再来复习一遍"我喜欢放松地阅读（I like relaxed reading）"，它代表了"忽视它"的四个主要步骤：忽视（Ignore）、倾听（Listen）、重新回到孩子身边（Re-engage）和修复亲子关系（Repair）。

在阅读本章其余部分的时候，请试着将这些步骤标注在旁边。这将帮助你熟练地掌握这个方法。当你在尝试"忽视它"时，这将对你有所帮助！

讨价还价

上个星期，一位母亲为了应付她倔脾气的5岁女儿埃莉诺，打电话给我寻求帮助。她告诉我，她的孩子无论什么事情都要跟她讨价还价。我问她，此时她通常是怎么回应的。

"嗯，我从不向她妥协。"她回答说，"我们通常会各自退一步，然后达成一致，所以我们都赢了"。

"嗯，不，你没有赢。"

当我向她解释了埃莉诺讨价还价是怎么起作用的之后，她才恍然大悟，她意识到，在跟孩子的任何一次讨价还价中，获利的一方都是孩子。这只会让她更加乐此不疲地这么做。我建议她在家里建立起自己的原则，并且没有任何商量的余地。

例如，妈妈希望埃莉诺坐在餐桌旁吃饭，而不是在沙发上吃。埃莉诺喜欢边吃边看电视。这似乎是能让埃莉诺乖乖吃饭唯一的方法，但妈妈真的不喜欢她这样。妈妈决定从现在开始让埃莉诺改掉这个坏习惯。

第二天的午餐时间，埃莉诺像往常一样坐在沙发上。妈妈走进房间，告诉埃莉诺午餐准备好了。（育儿小贴士：切忌在另一个房间冲着孩子叫喊）于是，埃莉诺准备跟妈妈讨价还价。

"我为什么不能坐在电视机前吃饭？"

"但是我以前都是在沙发上吃的。"

"我保证这是最后一次在这里吃饭行吗？"（妈妈们总会轻信这一套。）

"我能不能在沙发上吃饭，然后去桌子那边喝牛奶？"

"你能不能把桌子搬到电视机前面，然后我在桌子旁吃饭？"

就在埃莉诺试图跟妈妈讨价还价时，妈妈自己吃起了午餐。她慢慢地为自己做了一个三明治，故意慢慢地吃了起来。她担心如果看着埃莉诺，自己可能会对她妥协。这让埃莉诺非常生气，但妈妈下定决心这么做。

埃莉诺开始大叫，说她不吃了。妈妈并没有动摇，继续坐在桌前吃着午餐。埃莉诺非常愤怒，但妈妈对她的抗议无动于衷。妈妈把三明治放到桌子上，一边翻看着杂志，一边咬了几口（我建议她这么做的）。妈妈没有将午餐端给埃莉诺，也没有去看她，完全不理会她的大吵大闹——妈妈好像没听见埃莉诺的那些讨价还价。

妈妈不动声色地观察着埃莉诺，埃莉诺躺在厨房和起居室之间的地板上夸张地表演着。但骄傲最终不得不屈服于饥饿和现实——埃莉诺很饿。她看到妈妈对她的所作所为无动于衷，突然间站了起来，走到桌前坐下来吃起了她的午餐。妈妈心里既兴奋又震惊，她一直努力想要做的事现在终于实现了。

这时，妈妈愉快地合上她的杂志，兴奋地跟埃莉诺讨论那天下午将有一位好朋友来家里玩的事，巧妙地将女儿的注意力从在哪里吃午餐的问题转移开。过了一会儿，妈妈告诉埃莉诺，她今天表现得很棒。

埃莉诺的妈妈告诉我，她的女儿之前从没在餐桌前吃过任何东西。她曾经以为，让女儿改变是不可能的事。如果她知道要让埃莉诺回到餐桌上吃饭只需要不去理会她的讨价还价的话，她早就这么做了——这可以让她节省很多无谓的跟孩子讲道理的时间。

睡觉

艾迪是一个11岁的孩子，她跟妈妈非常亲近。艾迪的妈妈是个单身母亲，她非常爱自己的孩子。虽然她工作时间很长，但她会尽可能多地关注艾迪。然而，艾迪的妈妈从女儿还是婴儿的时候，就开始每天都为了一个问题伤透了脑筋——艾迪有一种拖延睡觉时间的才能。

当妈妈下班回家之后，她很难拒绝艾迪的要求。对于这一点，艾迪非常清楚。当上床时间到了的时候，艾迪就开始发挥她的拖延才能了。她求妈妈给她讲小时候的故事，试图在妈妈身边多赖一会儿。艾迪的祈祷时间每一天都在延长——一开始只有爸爸妈妈，然后加上了叔叔阿姨和爷爷奶奶。现在，她甚至开始为杂货店老板、纽约大都会、泰勒·斯威夫特、发明剪刀的人和邮递员祈祷。

她的理由五花八门：

她要喝水。

她的脚趾受伤了。

她忘记让妈妈签名。

她为明天的考试紧张。

她能再去很快地吃点东西吗？因为她很饿。

哦，等等，她现在肚子很疼。

她忘记拔掉手机的充电线。

窗外有奇怪的声音……

就是这样。而且是每天晚上！

妈妈受够了这一切，她向我寻求帮助。她希望艾迪早点完成她的睡前祷告，然后快一点上床睡觉。

我问她，每次艾迪拖延睡觉的时间时她是怎么做的。她叹了口气，给了我一张长长的清单，上面写着：

好的，亲爱的，去睡觉！

你最好躺在那张床上，然后给我待在那儿！

妈妈有时候觉得艾迪真的需要某些东西，她会给她倒水、拿一条暖和的毯子或艾迪的牙齿矫正器（妈妈在艾迪的牙齿矫正上已经花了3000美元，她不想因为艾迪晚上不记得把那该死的矫正器戴上而前功尽弃）。很明显，艾迪太了解妈妈了——妈妈无法不去理会艾迪的所有要求——妈妈太爱她了。

我告诉这位母亲，艾迪知道妈妈很爱她，这种感觉不会因为妈妈不理会她每天晚上睡觉之前的各种为了拖延时间的要求而受到影响。艾迪不是因为感觉自己受到了妈妈的轻视和怠慢才这么做的，她做这些是因为妈妈纵容她。当艾迪提出各种要求时，妈妈立刻就回应了她，从而激励孩子没完没了地这样做。

我们聊过之后，这位母亲对我提出的方法很感兴趣，并试着学习"忽视它"。

第二天晚上，妈妈告诉艾迪，自己在跟她道过"晚安"以后，直到第二天早上，将不再跟她讲话。但我告诉她，如果出于某种原因，艾迪在午夜醒来或者是半夜生病了，她应该马上去照看她。

艾迪并没有把妈妈讲的话当回事儿，因为她向来有办法控制局面。当艾迪上了床，做完睡前祷告之后，妈妈跟她说了"晚安"，并且离开了房间。艾迪立即开始叫她，一声比一声响，并且越来越生气。最后，艾迪从床上爬起来去找妈妈，妈妈此时正在洗衣服。

她清了清嗓子说："妈妈，我有一件很重要的事要告诉你！"

妈妈努力不去问她究竟要告诉自己什么事。但此刻，她再次感到这样做对女儿太粗暴了。可是，她又想起我对她的忠告——艾迪很可能只是在想方设法地迫使妈妈去回应。

艾迪继续说道："妈妈，你在听吗？我必须告诉你在学校里发生的一些重要的事情。"

这正是妈妈的弱点——因为妈妈一直为母女俩之间的亲密关系而感到自豪，她总是乐意了解女儿身边发生的一切。

她感到自己的意志即将被瓦解，便走进了浴室开始刷牙。

艾迪喊道："哦！我的天啊！你不理我吗？好吧，那我就不告诉你究竟发生了什么事！"

她转身离开了房间。妈妈深吸一口气。真的会那么容易吗？

不，艾迪又回来了。

"妈妈，我肚子疼。"

通常，这会搞得妈妈非常紧张。如果艾迪明天生病了，那么她的工作计划将会被打乱，她明天上午8点有一个重要的会议。但妈妈还是没有回应——艾迪两分钟前还好好的。

妈妈现在开始完全明白了艾迪的把戏。她今天之前所做的一切实际上都在鼓励艾迪的行为，当然她是不会乖乖地去睡觉的，因为是妈妈变相地鼓励她这样做的。现在妈妈彻底明白了，她将一劳永逸地赢得这场战争。

艾迪试探了妈妈一个多小时。这中间她大发雷霆，甚至又哭又闹。这对妈妈来说真的很难熬，但最终艾迪还是上床睡觉了。

第二天早上，妈妈很怕遇到艾迪，她确信艾迪会给她一副冷面孔。我之前曾经建议妈妈，此时要以非常快乐、积极的态度去面对艾迪，见到她时就要跟她愉快地聊天。

妈妈照我的建议做了，而艾迪没再提昨晚的事。

第二天晚上，妈妈再次告诉艾迪，在跟她说"晚安"以后，自己将不再理会她，艾迪应该自己上床睡觉。妈妈还告诉艾迪，如果她做得好的话将得到什么样的奖品。

她告诉艾迪，如果她能整夜都待在自己的房间里不出来，第二天早上就可以在上学前从iTunes上购买一首新歌（我将在第九章中讨论关于给孩子的奖励的问题）。艾迪酷爱音乐，这对她非常有诱惑力。之后，艾迪叫了妈妈几次，但并没离开她的房间。大约30分钟之后，她就睡着了。

妈妈则每天坚持对艾迪的奖励，并且一直对她采用"忽视它"的方法。那个星期的晚上，艾迪不再抗拒睡觉了。她在睡觉之前会读一些喜欢的书，然后乖乖地按时睡觉。她很高兴每天可以下载新歌。最后，艾迪睡觉之前再也不叫妈妈，也不再离开她的房间了。

几个星期之后，妈妈告诉艾迪，她为她感到非常自豪。

但是，妈妈不想只是通过奖励来改变艾迪。于是，我们商量着寻找一种新的方式给艾迪一个大大的惊喜。这回，妈妈订了艾迪喜欢的一场演唱会的门票，演出地点就在她家附近。她们一起去听了那场演唱会。

后来，妈妈向我滔滔不绝地夸赞艾迪的改变。但是，真正改变的是妈妈自己。

此后，妈妈一直让艾迪感到——她对她刚刚养成的就寝习惯非常满意——因为艾迪仍然需要她对此给予密切的关注。然而，演唱会结束后，妈妈没有继续对艾迪进行物质奖励。

晚餐一

晚餐时间在史提夫和多蒂·约翰逊的家里一直是个噩梦。他们的儿子杰克是一名学龄前儿童，他非常挑食。当妈妈问他晚餐想要吃意大利面还是烤奶酪的时候，他回答说："意大利面。"但当妈妈将意大利面端到他面前时，他立即说："我不要吃意大利面。我不吃。"

在学习"忽视它"的方法之前，多蒂遇到这种情况时总是试着跟杰克讲道理。她会跟他说，刚才是他自己说要吃意大利面的。"这跟你昨天晚上吃的面条一模一样，昨天你还很喜欢"。她努力劝说杰克吃意大利面，"你要好好吃饭，才能长得像爸爸一样高"。

但是，她所有的努力都只能让杰克更加坚定地拒绝吃饭。他坚决地说："我不会吃的！"杰克本能地知道，妈妈非常希望他能摄入足够的营养——因为他看起来比同龄的孩子更瘦小。他其实喜欢意大利面，但他更喜欢看着妈妈为了他在厨房里忙忙碌碌的样子。

在采用了"忽视它"的方法之后，晚餐时间变得愉快多了。多蒂仍然会先问杰克想吃什么，然后为他准备喜欢的食物。但是，当杰克开始抱怨时，她就会转身走开。她有时候假装自己在烤箱前忙忙碌碌，有时假装正喝着一杯饮料，但绝不回应杰克的抱怨。

她下定决心——如果他什么也不吃，就让他饿着肚子直到下一顿饭到来。

当多蒂不再理睬杰克的抱怨时，一个有趣的现象发生了——他们之间的"意志力的战争"就此消失了。杰克发现，妈妈不再像以前一样试图说服自己吃东西，她也不再为他准备别的食物。他感觉很饿，然后决定开始吃他面前的食物。

多蒂成功了。为此，她非常高兴，但表面上并没有表现出来。当她看到杰克开始吃晚餐时，就重新回到他面前，跟他一起讨论等他睡完觉之后想做些什么。

晚餐二

如果让我女儿自己来决定吃什么，她只会选择面包、意大利面、奶酪和甜点，有时候是一碗牛奶泡的麦片。我们之间养成了一种默契，我得为她专门准备她喜欢吃的特殊食物。但我希望她能够和大家吃一样的东西。

比如，我在做玉米饼时，总是要在放调味料之前专门帮她将里面煎过的肉拿出来；如果我做汉堡，她喜欢只加一点盐。我不可能像一名快餐厨师那样为大家做出不同口味的饭菜，但我觉得她的口味并不难满足，只是出于某种原因，她需要我专门为她准备合胃口的食物。

多数时间，她都会看一眼我准备的食物，然后说："哦，不，不要_____（这是她同我讨价还价的方法，你可以在横线上填入你所知道的任何一种食物）"接着，她开始抱怨，告诉我她想吃别的东西。

比如今天：

凯西："今天晚餐吃什么？"

我："牛排和土豆。"

凯西："我不要吃土豆。可以给我牛排和小面包吗？"

我："不，那你就只吃牛排好了。"

凯西："什么？为什么不能给我面包？"

我没有理会她。

凯西："那我能吃昨天剩下的米饭吗？"

我努力让自己想些愉快的事，不去理睬她。

凯西犹豫了一会儿说："好吧，我吃土豆。"

我女儿有时候实在太饿了，无法拒绝我给她的食物，有的时候她只吃一点点东西。但是，晚餐过后我不会再给她任何东西，而且一旦食物已经端上了桌，我就绝不再换别的。虽然她仍然总是对食物表示不满，却从未再试图跟我讨价还价了。

因为她知道，一旦我答应了她最初的要求，就不会再改变了。

冬季外套

如果你生活在梅森-迪克逊线①(Mason and Dixon's Line)以北，那么，你一定非常熟悉"冬季外套现象"——即使在大冬天，男孩子们（有时候女孩也这样）也时常不愿穿外套出门。他们这样做可能是受到同伴的影响，或者就是为了好看。可能因为青少年的荷尔蒙分泌比较旺盛，让他们感觉不到对于普通人来说的寒冷。

无论如何，这是美国北方成千上万的家庭中普遍存在的现象——

---

① 梅森-迪克逊线（Mason and Dixon's Line），美国北方和南方的分界线。

孩子上学时不想穿外套，而父母们要求他们必须穿。

杰姬和她15岁的儿子利亚姆之间就存在着这样的问题。杰姬试图在很多方面不去苛求利亚姆，如容忍他把房间弄得乱七八糟，周末晚上可以不严格按照作息时间就寝。但是，如果利亚姆不穿外套出门，就会让她勃然大怒。她觉得他不穿外套从邻居门前经过，会让别人感觉她像个不负责任的母亲，而且她也担心他生病。

为了解决这个问题，杰姬定了一个原则：如果天气预报低于45度①，利亚姆就得带着外套去学校。她的儿子虽然很不情愿，但还是答应了。

事情当然没有想象中那么简单。有一天，天气预报说当天的气温将超过45度，但这个最高气温在下午4点才会出现，那个时候学校已经放学了。杰姬坚持认为利亚姆应该带上外套。杰姬和利亚姆都知道，一场意志力的较量将在他们之间展开，而且，这场较量通常都会发展成为不断升级的紧张局势。

杰姬会试着向利亚姆解释让他这么做的理由是什么，而利亚姆会提出抗议。最终，他会因为妈妈执意不让他出门而狠狠地用手砸墙壁，或者在房间里摔东西。

在这种情况下，他们通常会发生激烈的争论。利亚姆恳求妈妈让他出门。而杰姬向他重申自己的观点，并要求利亚姆带上外套。利亚姆再次抗议。最后杰姬说："利亚姆，我不想再跟你讨论了。穿上你的外套。"

---

① 这里为华氏度，大约7摄氏度左右。

此刻，利亚姆在忍无可忍之下变得冷酷无情。他知道如何突破妈妈的最后防线——他用最残忍的话侮辱妈妈，说她又胖又丑又笨。

杰姬试图走开。但利亚姆继续说着那些话，直到杰姬再也受不了了。她开始冲着利亚姆尖叫，而利亚姆也对着她吼回去。他们彼此都想用尖叫声压倒对方。杰姬感到气急败坏，但她上班前没有时间跟利亚姆继续纠缠了。

最终，杰姬放弃了。她说："你想穿什么就穿什么吧。即使得了肺炎或被冻死，我也不管。"

利亚姆和杰姬都默默地离开了房间。他们都觉得糟透了，但重点是利亚姆还是没穿外套就出了门。他对妈妈指名道姓的辱骂迫使她妥协了，这样的互动不断伤害着他们之间的感情。杰姬担心，这样的斗争继续下去会让儿子离她越来越远。

我仔细分析了杰姬的情况。她承认，她应该对利亚姆愤怒的爆发不做回应。我告诉她，利亚姆的做法正中要害，因为他知道伤害她的感情是获得他想要的东西或摆脱某些他不愿做的事情最有效的途径。在这种情况下，他的行为因为杰姬最终的妥协而受到了消极强化。尽管利亚姆事后会感到懊悔，但我打赌他还会继续这样做，因为这招对他妈妈非常管用。

我和杰姬讨论了应该如何应对这样的情况。

实际上，为了穿不穿外套这样的事情跟利亚姆吵得不可开交根本不值得。即使杰姬成功地让利亚姆出门时穿上了外套，但我敢保证，他可能刚到公共汽车站就把它塞进了书包。妈妈应该让本能发挥作用（关于这一点我将在第十章中详细讨论）。如果利亚姆有一天因上学没带外套而觉得很冷，他下次出门时一定会带上他的外套。而当他离开家去上大学时，妈妈就不可能再操心他穿衣的问题了。

杰姬知道我说的有道理，她明白，她和利亚姆之间的分歧不可能通过争吵而得到解决。从现在起，如果她看到利亚姆对自己做出的决定感到不满或愤怒，她将不再理会他那些讨价还价的、刻薄的言论，或是利亚姆试图跟她争吵以改变她的想法而采取的所有行为。杰姬会特别当心不去强迫他做任何事，但一旦她提出了要求，就要坚持到底，绝不妥协。

利亚姆是一个易怒的孩子，他与母亲的关系非常复杂。虽然他对杰姬有感情，但常常表现得非常生疏而冷漠。杰姬与自己的父母之间关系也非常紧张，她担心自己正与利亚姆建立起相同的模式。

杰姬学会了通过"忽视它"来解决这个问题。之前，她与利亚姆的每一次互动几乎都是在对彼此的尖叫声中收场的。这只会强化他的那些行为，使她远离既定目标，而不可能让问题得到解决。然而，杰姬可以通过无视利亚姆的爆发而减少对彼此的身心伤害。

讲脏话和顶嘴

很多父母经常为了他们的孩子说出诸如"狗屎"或"该死的"这类脏话而打电话向我求助。这样的事情也曾经发生在我身上。有一次，我的女儿发高烧，我带着两个孩子去看病。到了医院以后，我将车停在一根巨大的水泥柱前面。我停车时还在告诫自己："走的时候一定要小心这根柱子。"可是，当我们离开时，我很匆忙，完全忘记了那根柱子。你猜后来发生了什么？是的，我撞上了那根柱子，然后，我说了一声："狗屎！"

现在，我几乎从不骂人，我的丈夫也很支持我这么做。而在当时，愤怒让我顺口说出了脏话，我的孩子们也听得清清楚楚。事情发生后不久，"狗屎"便不可避免地成了我家里的一个热门字眼。

当发生这样的情况，孩子们偶然间学会了一些不好的字眼时，父母通常会大声告诫他们："不准说这种话！"孩子可能并不知道他们说了些什么，但是，他们发现，这会让他们立刻得到父母的回应和关注。

有趣的是：当我告诉父母不要去理会孩子偶然间讲的脏话时，他们几乎总是表示不屑。他们说："如果我不理会它，我的孩子会认为讲那种话是没有问题的。"但是，他们错了。是的，孩子可能会继续说一段时间，但很快就会忘记了，因为他们并未因此得到任何回应，也就没有了激励他们继续这么做下去的理由。

跟上面我所说的无意间讲出的脏话有所不同的是，一些孩子会用极其无礼的语言咒骂他们的父母。我曾经亲眼见证过——一个7岁的孩子讲出的话如同海滩上公共浴室的地板那样肮脏。

有些十几岁的孩子能够用他们伤人的言行摧毁父母的意志，而大多数父母都无法容忍孩子这样做。当孩子对父母发怒时，父母通常感到不被尊重，而且非常尴尬，他们会说："你不能这样对我说话！"

这样做存在着一个根本问题——它完全无法阻止孩子正在说的话。孩子们对父母说这些话时，父母一旦生气了，孩子们就会因为伤害了父母而感到成功——如果一个孩子感觉愤怒，也会让父母感到同样的愤怒。

珍妮佛是13岁的贾斯汀的妈妈。珍妮佛是个年轻的母亲，她生下贾斯汀时只有十几岁。她有过很长一段时间的吸毒史，所幸她一直在努力戒毒，并且已经戒除成功8年了。虽然嘴上没说，但贾斯汀因为早年缺失母爱而对他妈妈怀着极大的怨恨。

珍妮佛告诉我，一旦贾斯汀感到不如意，他就会直接揭开妈妈的这道伤疤。例如，珍妮佛告诉他，在没有打扫好自己的房间之前不能跟朋友出去。贾斯汀便会愤怒地对她说："我恨你！我这就去吸毒！我不要过这样的日子！"

虽然珍妮佛知道他这么说只是为了激怒她，但这真的伤透了她的心。与这世上其他的痛苦相比，她最害怕的是贾斯汀步入她的后尘，也成为吸毒者。这对母子正在接受心理治疗，以帮助他们抚平曾经遭受的心理伤害。

珍妮佛同时也采用了"忽视它"的方法，尽量让自己不去回应贾斯汀的坏脾气。

理智上，她知道贾斯汀并不真的像他说的那样，而且，不去理会他正是让贾斯汀停止表达对妈妈的怨恨最快的途径。现在，当贾斯汀再说他会去吸毒时，她完全不去理睬。当贾斯汀平静下来之后，珍妮佛会跟他说自己知道他的愤怒。

珍妮佛会说："我看得出来，你真的很生气。"但她绝口不提关于吸毒的话题，而只去关注那些让儿子生气的直接原因。

这个方法非常成功。现在，贾斯汀已经不再用吸毒的话题去伤害或激怒珍妮佛了。他虽然还是经常感到愤怒和沮丧，但他已经能够冷静下来同母亲讨论究竟是什么惹他生气，而不是用激怒母亲的方式转移他的困扰。珍妮佛也学会了更好地处理贾斯汀的情绪问题，她也已经能够摆脱过去吸毒的内疚感了。

戏精

兰迪堪称一位"戏精"，她对一切伤痛都表现得非常夸张，一点轻微的碰撞或擦伤都会令她歇斯底里地大叫。只要有什么不如意，她就大吵大闹。为了得到父母的关注，她什么都做得出来。

她的父母对此只是一笑置之。他们只是说："兰迪就是兰迪。"但现在兰迪已经7岁了，曾经让大人觉得她可爱的发脾气的行为慢慢变得没那么可爱了。但她仍会不断跟比她小的弟弟争夺父母的注意力。

兰迪的父母决定采用"忽视它"的方法来改善她为了寻求关注而做出的夸张行为。他们首先要做的事是确定从哪些行为入手。我告诉他们，应该留意她那些夸张的反应、讨价还价和没有眼泪的假哭。

在一个生日聚会上，兰迪想要再吃一个纸杯蛋糕。当她的请求被拒绝之后，就在大庭广众之下歇斯底里地发起了脾气，当这真让人感到无比尴尬。虽然很不容易做到，但兰迪的父母还是努力不去理会她，他们知道这是一种试探。

兰迪一直在观察爸爸妈妈的反应，而他们看上去没有任何反应，他们实际上正不动声色地观察着兰迪。当她平静下来之后，他们立刻过去，问她在离开之前是否还想参加什么游戏。兰迪没有得到第二个纸杯蛋糕，但她仍旧开心地重新加入了孩子们的游戏。

除此之外，兰迪的父母还学会了当兰迪表现得很好的时候不断地称赞她。

例如，假如某件事情令她感到失望，但她将它放在一边，没有因此而发脾气，她的父母会告诉她，他们为她感到非常自豪。

如果有什么事情没能按照她的方式进行，她也没有发脾气时，她会获得父母更多的关注。爸爸妈妈可能会开心地说："哇，兰迪，你真是太棒了！"或者"你的做法真让我们感到骄傲。"

自从兰迪知道自己即使发脾气也不能影响父母后，就不再发脾气了。虽然她的行为仍然表现得很夸张，但她的坏习惯已经改掉了很多，父母也不再时常为此而焦头烂额了。

Chapter 6

面壁思过（Time-out）①

① 让孩子回自己房间静一静，或者对着一堵墙好好反思一下，这在国外被称为Time-out，翻译成中文就是罚站、面壁思过。

　　如果你问我，在教育方法上，有什么比"面壁思过"（Time-out）被误解和错误应用更严重的？我想说，恐怕还真没有。

　　"面壁思过"其实是一种非常好的改善孩子行为的方法，可以完美地跟"忽视它"的方法结合起来使用。

　　然而，我发现，大多数人完全错误地理解和运用了这个方法。实际上，它是在父母和孩子之间痛苦的意志斗争中让彼此能够冷静下来的短暂的休息时间。实践证明，它跟我在第二章中所提到的其他行为矫正方法一样有效，可以有效地减少争吵、消极抵抗、对立情绪、砸东西、大喊大叫、埋怨、打人、咬人等不良行为。

　　此外，它对于那些被诊断患有各种发育障碍的儿童也有一定的效果。但前提是我们必须正确地运用它。

　　网络上提供的关于面壁思过的信息多半是错误的或不准确的。这让父母们带着美好的愿望做了不正确的事情。不幸的是，最终却往往助长了孩子们的不良行为，而父母则变得越来越困惑和沮丧，使得他们最终放弃了这个方法。

还记得第四章中我的那位朋友罗丽吗？当她非常生气时，她的儿子不仅不理会她的指令，还故意继续做那些讨厌的事。她3岁的儿子乔尼非常聪明，他知道如何通过不好的行为来吸引妈妈的注意。

当他扔玩具时，妈妈说："乔尼，我们不扔玩具好吗？"乔尼想："嗯，但我还是扔了。"随后，他将他的小钢琴也扔了出去。一堆塑料玩具零件砸在地上，发出讨人厌的响声。罗丽气愤地冲过去，拎起他，将他放在专门用来面壁思过的椅子上。

"现在罚你坐在这里。"妈妈严厉地说，"给我待在这儿，直到我说可以起来为止"。

但乔尼不仅没有乖乖地"面壁思过"，反而用他的行动完全瓦解了妈妈的决心。

他慢慢从椅子上抬起一只脚，用罗丽极其厌恶的声调说："我没有坐在我的椅子上哦。"罗丽走了过来，把他按回椅子上。他再次站起来。她大叫道："你最好坐回那张椅子上去。"乔尼坐下了，但嘴里不停地嘟嘟囔囔——他转换了策略，根据以往的经验，他知道怎样做最管用：

"妈妈，我现在可以起来了吗？"

"妈妈，我午餐可以吃花生黄油吗？"

"妈妈，午睡之前能给我讲《睡前小兔子》的故事吗？"

"妈妈，你做的巧克力纸杯蛋糕真好吃。"

当她的儿子不停地唠唠叨叨时,罗丽在忙着做家务。乔尼一个人坐着。后来,他觉得很无聊,便开始拉扯沙发后面的窗帘,窗帘的褶边很快就被他扯开了。"哦,真好玩。"他想。

他很快就把褶边扯开了一大截。罗丽突然意识到屋子里太安静了,当她看见乔尼弄出来的这个烂摊子后气坏了。她命令他一个人待着。乔尼立刻跑进他的房间——他不知道发生了什么事,但他知道妈妈气坏了,他很高兴自己因此不用继续"面壁思过"了。

罗丽开始清理乔尼弄出来的烂摊子,然后让他把砸坏了的小钢琴拿开。他知道这有点麻烦,但只能乖乖听话——这就是一个没有正确运用"面壁思过"的方法的例子。

接下来,我会告诉你为什么。

一位在家工作的爸爸也遇到了类似的问题。他的儿子杰登是个捣蛋鬼。

杰登是个不错的男孩子,但很淘气。爸爸经常使用"面壁思过"的方法教育他。因为杰登今年6岁,爸爸规定他"面壁思过"的时间为6分钟。但每次实行的时候,却绝对到不了6分钟,因为他根本不可能在那个该死的台阶上坐6分钟。

每当杰登从台阶上站起来时,爸爸就重新计时。为此,他们之间引发了无休止的争论、讨价还价,以至于浪费了许多时间。而"面壁思过"则从原本短暂的隔离变成了一场激烈的意志力的斗争,这使它的持续时间比设定的平均时间增长半小时。

杰登的爸爸告诉我,他准备放弃这个方法了,他认为这对他的儿子不管用。

罗丽和杰登的爸爸都犯了典型的错误，这给他们带来了挫败感，同时也浪费了大量无谓的时间。每当他们这么做时，都因为强化了乔尼和杰登的不良行为而倍感痛苦。每当孩子不遵守父母规定的惩罚时间，他们都能得到父母额外的关注——这无疑是一种变相的奖励。这真是最糟糕的结果。

当孩子的不良行为获得了父母的关注时，他们通常都会不断地重复这些行为。更糟糕的是，罗丽和杰登的爸爸最终都放弃了对他们的惩罚，孩子们获得了最终的胜利。父母放弃了这个科学的教育方式，意味着孩子们更多地被放纵，进而摆脱了束缚。

在我告诉你如何采用"忽视它"彻底改变"面壁思过"的游戏规则之前，我想先澄清一下对"面壁思过"的错误认识。我们对它理解得越透彻，越能够帮助父母们正确地运用它。

"面壁思过"不是一种惩罚

我必须再次强调："'面壁思过'不是一种惩罚。"

父母经常抱怨，他们在使用"面壁思过"的办法对孩子的不良行为进行惩罚时，根本没法让孩子遵守这个规则。一个5分钟的"面壁思过"很可能变成一场20分钟的闹剧。

我要说的是，我们不能把它作为一种惩罚手段，而应该把它当作一个重启机制。它的主要目的是让孩子终止正在进行的不良行为模式，让他们重新进入正确的行为模式之中。应该利用这段时间让父母和孩子的情绪都冷静下来，打破这场意志之战。

如果做法正确，在这期间内，父母和孩子之间应该没有沟通，彼此都能够得到必要的休息——我不是说父母应该让孩子们去"面壁思过"，好利用这段时间让自己冷静下来。如果是这个目的，倒不如直接采用"忽视它"更好一些。

然而，如果能很好地将这两种方法结合起来，将带来很好的效果。

不要按照孩子的年龄制订"面壁思过"的持续时间

我不知道是谁最先想出这个法子的——孩子有多少岁就要"面壁思过"多少分钟，这真是个馊主意。给孩子太多的时间，只会让他们有足够的时间来考虑接下来要怎样对付父母。有一些孩子在"面壁思过"时，马上就明白了他们做错了什么，然后可以调整自己的行为方式。但是，一旦让他们太久地静坐思过，他们的脑子里就会有新的计划出现。

在对许多家庭的观察中，我发现，很多时候，这个过程都没有在本应该结束的时候结束。当孩子感觉思过的时间好像永远不会停止时，他们会变得焦躁不安，并且开始不听管教。

没有证据表明：更长的持续时间会收到更好的效果。反而有一些证据表明，这个过程持续1~2分钟效果最好。所以，运用这种方式只是为了制造一段足够长的时间，让孩子真正感受到失去了父母的关注，而不是让孩子陷入困境。实际上，这个过程持续2~3分钟就好。

"面壁思过"不需要特定的场所

很多人都会指定一个专门用于"面壁思过"的地点。这种做法不一定是错误的。但这样就让这个方法在家庭以外的地方无法实施——如果孩子不愿待在家长指定的地点，家长势必得不断地强制孩子待在那儿。

这就大大地影响了它的效果，因为它的目的是让孩子失去父母的关注，而不是只想强制他们待在指定的地点。而采用"忽视它"的方法，能让"面壁思过"在任何地方和任何时间都可以实施。

"面壁思过"不是被驱逐

当孩子们不愿在"面壁思过"的时候待在指定的地方时，父母通常会很生气，甚至感到愤怒。他们觉得如果不能让孩子待在那个地方，又怎么能叫"面壁思过"呢？因此，父母经常决定把孩子赶到他们的卧室里，然后关上门，直到孩子在里面待够规定的时间。

如果你这么做，那真是大错特错了。理由如下：

首先，孩子的房间应该是一个神圣而充满快乐的地方，孩子们在这里应该感受到爱和安全。如果卧室不能给孩子这样的感觉，他们会不愿待在那里，会害怕门紧紧关着——我们不应该做任何可能会让孩子感到害怕的事，因为这么做会带来不可预见的心理伤害。你或许并不知道——孩子可能会因此晚上难以入睡，必须跟你一起睡觉。或者，你必须坐在他们的床头，直到他们睡着。

其次，父母不知道在紧闭的门背后究竟发生了什么。孩子有可能此时正在兴高采烈地玩着玩具——这完全偏离了目标。

最后，这样做还存在着安全隐患。比方说，这时你听到门后发出一声巨大的声响。你会打开门吗？这是不是意味着"面壁思过"结束了呢？父母们根本做不到在这种情况下不去开门看里面的情况。

家长们打开门之后很可能看到的是受到惊吓的孩子正躲在衣柜后面，或者那个小捣蛋脸上正挂着胜利的笑容。如果让孩子们以此发现了可以引起父母注意的方法，我们完全可以预料到——他们还会继续这么干的。

有些孩子被锁在房间里时会不断拉门把手，一心想从里面出来。父母不得不跟他们进行开关门的较量，这就完全违背了想让他们安静地独自待着的初衷。与此恰恰相反，为了让门关着，父母必须持续地关注他们的行为——这显然背离了原则。

什么是"面壁思过"

"面壁思过"实际上是"忽视它"的一种方式。"忽视它"是设法将我们的注意力从孩子身上挪开，以此向孩子发出一个信号，即他们正在做的事是不好的行为。其实，"面壁思过"也是一样的，其目的是避免强化孩子的行为。

还记得我们在第二章中对"强化"这个词的定义吗？它是促使一种行为发生的机制。换句话说，任何受到强化的行为都会不断重复——父母的关注就是对孩子行为的强化。如果"面壁思过"实施得当，它将会消除父母的注意力，从而消除对孩子行为的强化。孩子们那些不好的行为也会随之停止。

基本上，"面壁思过"是暂时性地不去理会孩子的一种方式。如果孩子从故意惹恼父母的行为中没有得到任何好处，他们就没有动力再去这么做了。

父母通过这种方式告诉孩子：推东西、扔玩具、发牢骚、故意捣乱、吐痰及其他不良行为是不好的，而且不会得到父母的关注。同时，孩子们也不会被驱逐出他们玩耍的地方和他们的家，他们只是暂时无法从调皮捣蛋中获得乐趣了。

"面壁思过"的目的就是收回对孩子的关注，仅此而已。因此，"面壁思过"和"忽视它"一样，当孩子们的不良行为被纠正以后，我们就应该立即回到孩子身边。

正确的实施步骤

在实施"面壁思过"时，结合"忽视它"的方法可以帮助父母更好地聚焦于目标，也使管教孩子的过程不受干扰。

下面是有效地实施"面壁思过"的步骤。

■ 当你发现了孩子的不良行为时，先进行警告。如果该行为没有停止，对孩子实施"面壁思过"。一旦发现孩子殴打他人或做了其他一些过分的行为（比如咬人等），则无须警告，应立刻对其实施"面壁思过"。

■ 发现孩子的不良行为后，立即对他（她）宣布："你因为
_____ [填入他们的行为]现在要去_____ [某个远离
你的地方] '面壁思过'"。

■ 如果你的孩子不满6岁，你可以牵着孩子的手走到那个"面壁思
过"的地方。

■ 在离开之前对孩子说："你在这里'面壁思过'，直到冷静下来
为止，准备_____ [填入你让孩子'面壁思过'的目的，比如
道歉、清理干净他搞的烂摊子等等]"。

■ 现 在 对 自 己 说 " 我 喜 欢 放 松 地 阅 读（I like relaxed
reading）"。

■（Ignore）忽视，不去理睬孩子任何试图吸引你注意力的行为。

■（Listen）仔细倾听，孩子一旦安静下来，停下了那些不良行
为，立刻回到他们身边。

■（Re-engage）简单地跟孩子交流为何要让他们"面壁思过"。

■（Repair）根据情况要求孩子道歉或清理烂摊子。这是一个重
要的步骤，因为"面壁思过"不是让孩子逃避他们需要做的事。
如果孩子在"面壁思过"之后没有道歉就被原谅了，那么这样
做相当于强化了孩子的不良行为。比如，孩子在房间里乱扔玩
具。爸爸让他"面壁思过"，而现在正好到了晚饭时间，于是爸
爸决定让孩子"面壁思过"之后就直接去吃晚饭，等孩子睡了
以后再自己去收拾房间。那么，孩子就会知道该怎样让自己不
去收拾被自己搞乱的房间了。

■"面壁思过"之后就尽量忘记它，就像它从来没有发生过一样。
你此时可能仍然感到沮丧或者愤怒，但请你尽量不要在孩子面
前表现出这些情绪。一旦孩子做了值得赞赏的行为，一定要立
刻对他们进行表扬。

下面是一个实例：

杰西卡和她的妹妹凯特吃完了午餐。妈妈答应过孩子们，她们吃完三明治之后可以吃一些饼干。她将一盘巧克力小饼干放在两个女孩面前。杰西卡很快就吃完了自己的饼干。凯特则仔细地观察着她面前的每一块饼干——她喜欢把最好的一块留到最后——然后，她慢慢地享用着她的饼干。

当妈妈转过身洗盘子时，杰西卡试图从凯特的盘子里偷饼干。凯特开始尖叫起来。

妈妈生气了："杰西卡，"她吼道，"如果你再碰她的盘子，那就去'面壁思过'！"

然后，妈妈转过身去，给杰西卡一次改过的机会——不要再去试探妈妈。

但饼干对杰西卡的诱惑太大，她还是忍不住偷了一块饼干。

妈妈用眼角的余光瞥到了杰西卡的行为，然后对她说："你又拿妹妹的饼干了。现在，请你起来，离开餐桌，坐到沙发上去。"

杰西卡没有动。妈妈走了过去，用手推着她走出厨房。杰西卡坐在沙发上，但仍然远远地冲着妈妈抱怨为什么不能让她停止"面壁思过"。妈妈不理会她。

过了一会儿，杰西卡停止了大喊大叫。妈妈走到沙发跟前，问杰西卡现在是否明白了自己为什么要"面壁思过"，杰西卡回答说是的。

于是，妈妈要求杰西卡向妹妹道歉。杰西卡不情愿地道了歉，妈妈和凯特接受了她的道歉。然后，妈妈问她午餐后想不想画画，好让她从刚才的沮丧中走出来。杰西卡很高兴，开始谈论起她想画的画。

妈妈告诉杰西卡，她很期待看到她的画。

我知道，很多人觉得自己的孩子不会轻易接受"面壁思过"。下面，我们通过一个实例来看一看当孩子不愿待在指定的地方时，你应该如何处置：

萨曼莎趁着哥哥汤姆安安静静地写作业时，试图偷他的铅笔来骚扰他。爸爸叫她别去惹她哥哥，可是萨曼莎却认为这是一个有趣的游戏。她的哥哥比她大，也比她强壮，她只能通过这种方式招惹他，这个法子很管用。爸爸告诉萨曼莎不要打扰哥哥，要么就得去"面壁思过"。萨曼莎立刻从桌子底下踢了哥哥一脚，以此试探爸爸。

爸爸刚刚已经警告过她了。于是，他说："现在，请你坐在这个台阶上'面壁思过'。"萨曼莎试图跟爸爸争论，说她什么也没做。爸爸没有表现出生气的样子，只是牵着女儿的手把她带到台阶跟前，然后就走开了。萨曼莎立刻回到厨房，站在门口，试图引起爸爸的注意。

通常，这种情况会让她和爸爸之间开展一场意志力的较量。但是，爸爸在此时采用了"忽视它"的方法。他不去理会萨曼莎，假装正忙着看邮件。接着，萨曼莎开始声嘶力竭地唱歌。爸爸还是不理她。萨曼莎还是一个人待着，没有人注意她。

"我不在台阶上了。"她说，"我不在台阶上，我不在台阶上"。

由于萨曼莎并没有在"面壁思过"，因而爸爸继续无视她。他转身背对着她，但他仍在倾听。

最后，萨曼莎放弃了，她静静地在台阶上坐了一会儿。爸爸听到萨曼莎安静下来了，就过去对她说："萨曼莎，我让你待在这里，是因为你打扰到了哥哥，让他无法完成他的作业。如果你不再故意打搅他，你就可以不用再待在这儿了。"

　　萨曼莎说她已经准备好了。爸爸告诉她，在妈妈回来吃晚饭之前，她可以弹会儿钢琴或读会儿书。萨曼莎说想弹钢琴。当她弹完一首曲子时，爸爸立刻夸她弹得很棒。

　　上面的两个实例都向我们展现了"忽视它"和"面壁思过"能够多么完美地一起发挥作用。而成功的关键就在于在实施"面壁思过"时一定要记得"忽视它"——这是其中最难的部分。

成功实施"面壁思过"的小贴士：

■ 此时不要跟孩子交谈。

■ 将这个过程缩短到最短的时间。

■ 一旦发现孩子安静下来，立刻回到孩子身边。

■ 避免跟孩子有眼神接触。

■ 在这个过程中避免任何愉快的活动。

■ 这个过程一旦启动，就不要去跟孩子理论，也不能半途而废。

■ 应该选择安静、没有任何干扰的地点实施"面壁思过"。

■ 所选择的地点和实施的过程不应该让孩子感到害怕。

■ 如果孩子故意对"面壁思过"表现出很开心的样子，别去理会他——这很可能是另一种吸引父母关注的方式。

■ 如果你很难做到在孩子"面壁思过"时不去跟他交谈，那么做些自己的事情，尽量不去注意他们。关掉电视，拿走所有的玩具。

■ 如果孩子在这段时间里弄坏了东西，在孩子平静下来之前，不要去处理它们。结束之后再平静地跟他说，"我很高兴看到你平静下来。这是一个垃圾袋。请收拾一下你的烂摊子"。

■ 任何声响（比如咬牙或低声嘀咕），甚至一个表情都会向孩子传达你关注他的信息，都将强化孩子的行为。

■ 只有当所有的注意力（对孩子行为的强化）都消失以后，它才会奏效。假如此时有另一个孩子与之串通起来，或是不停地在一旁嘲笑，它就不会收到任何效果。

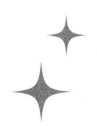

Chapter 7

在公众场合"别理他"

　　我所认识的父母几乎每一对都有带孩子乘飞机的可怕经历，其中包含着孩子的尖叫以及父母们的怒目而视和咆哮。多年前，我也有过同样的经历，其中的一次尤其让我难忘。

　　2008年，我的儿子两岁，我们乘坐飞机从纽约到佛罗里达州的西棕榈滩。

　　飞机起飞时，埃米特被绑在儿童座椅上。他立即（痛苦地）表明不喜欢坐在里面，他想出去。但不幸的是，波音747飞机上不允许孩子到处走动，尤其是在起飞的时候。所以，既然不能到处走，他就开始踢他面前的座椅。

　　"哦、哦、哦……"很快，坐在我们面前的女人回过头来又是瞪眼睛又是叹气，还发出"啧啧"的声音。我感觉糟透了，严厉地告诉埃米特："不，你不能踢她的座位。停下来！"（我当然也是在说给她听）。

　　埃米特继续踢着座椅，这对他来说像是一个游戏，我一边用手按住他，一边再次告诉他不能这么做。我想，如果我抓住他的脚，然后用坚定的语气对他说："不！"他应该就会停下来了。

但是，当我用手按住他的小腿时，埃米特开始冲着我们发出帕瓦罗蒂（意大利男高音歌唱家，世界著名三大男高音之一）般的尖叫——真没有比这个更糟的了！

我感到又羞愧又生气，但并没有寻找到一个有效的方式来处理我的情绪，而是将它们全都撒在了我的儿子身上。我甩开他的腿，对他吼叫。但还是无济于事，他仍然不断地踢着椅子。此时，我忽然对自己的行为感到非常惭愧——我怎么可以被一个陌生人左右我的教育方式呢？我究竟在做什么？

我意识到，这并不是我儿子的问题，于是我决定跟坐在我们前面的那位刻薄的女人沟通了一下。

我轻轻地拍了拍她的肩膀，为我儿子踢了她的椅子跟她道歉。但我立刻就后悔了，我这样做其实是出卖了我的儿子。他当时只有两岁，他的行为是非理性的，他不喜欢坐飞机，为此感到很难受。我也不喜欢坐飞机，那么我为什么要道歉呢？他的表现难道不是一个两岁孩子在飞机上的正常反应吗？

因此，那个女人至少应该立刻接受我的道歉吧？或者会给我的儿子一块巧克力、饼干什么的。

哦，等等。不，她并没有。她以一种傲慢的语气跟我说，她的孩子们从来没有做过这种令人不愉快的事情，他们在任何时候都是完美的天使，是世上最好的孩子。最后，她给我提出了一些（完全自以为是的）建议。她直率地告诉我，应该像个家长那样管教好我的儿子。于是她转过身去，为她成功地羞辱了一位惭愧的母亲而心满意足。

我被她说得非常崩溃，在整个飞行的过程中心情都极其低落，在座位上偷偷地流着眼泪。

当我带着孩子、拖着行李走出机场时，我仍然能感受到被责骂时的刺痛。但我突然想明白了一个道理：我今后再也不想见到那个刻薄的女人了。我为什么要去在意她是否认为我是一个合格的母亲呢？而且，别人说我是一个糟糕的母亲，并不意味着我真的就是。她不了解我的生活，而且只看到了我教育方法的一小部分。

那个女人的轻蔑使我做了我平常不会做的事，并且说出了我平常不会说的话。如果不是在公开场合，当我的儿子行为不正确时，我也不会采用这样的方式来处理。她的观点不应该在任何情况之下左右我教育孩子的方式。这个启示听起来很简单，但它却改变了我的生活。

我根本不必在意别人对我的教育方式的看法，除非我认为合适的教育方式是虐待或遗弃我的孩子。我不需要得到邻居、父母或祖父母对我的认可。那个杂货店的店员冲我翻白眼？好吧，随他去吧。一天结束之后，还得是我和我的孩子们一起回家——我才是那个必须管教他们的人。

当我看到我的儿子开始踢前面的座椅时，我应该做的只是"忽视它"！我的孩子当时感到很难受，他只是想要表达这种情绪而已。但我所做的一切恰恰强化了他的行为，才让他越闹越凶。我当时应该把他的脚放下来，或者把他从座位上抱起来，让他别再踢那个女人的椅子，而不应该对他的行为给予持续的关注和口头上的责备。

2016年，捷蓝航空（JetBlue）意识到，对于每位乘客（包括大人和孩子）而言，忍受长途飞行是一件非常艰辛的事。为此，他们在母亲节当天推出了一个一次性的促销活动。

在航程刚开始时，乘务员通过机上广播向乘客们宣布："在这班飞机上，每当你听到一次宝宝的哭声，你将在下一次捷蓝航空公司的航程中得到25%的折扣。换言之，航行途中只要听到四个宝宝的哭声，你就将得到一张捷蓝航空的往返机票。"于是，乘客们开始兴奋地（有些不正常的）期待着飞机上第一个宝宝的哭声。

毫无疑问，最后，这个航班上四次婴儿的哭声让飞机上所有的乘客都得到了免费的行程。虽然这只是一个可爱的噱头，但它让人们开始关注家长们在公共场合教育子女时所遇到的困难——为了向带孩子的父母表示一点理解，乘客们理应为忍受了孩子的哭闹而得到相应的报酬。

但在现实生活中，绝大多数人是不会像捷蓝航空这个特殊航班上的乘客一样幸运的。他们不会因为忍受了孩子们所做的非常正常的事而得到任何好处。

陌生人经常对孩子的哭闹行为表示不满，并且以此谴责他们的父母，父母们应该学会如何对待这些不满的眼神。本章将教会你如何在公共场合管教孩子。

不去理会周围人的闲言碎语

在讨论怎样在公共场合忽视你的孩子之前，我们必须先讨论如何不去理会那些试图影响我们教育方式的闲言碎语。

当今时代，父母们的一言一行几乎都暴露在大众的视野之中。几乎没有人能够不受外界干扰地养育自己的孩子。我们时刻都在用智能手机或摄像头记录着我们的生活,我们每小时都会在推特上发布信息,或在脸谱网上分享我们的感想(甚至像卡戴珊家族那样每2.3秒更新一次)。

我们时刻生活在公众挑剔的目光中,动不动就会被人说三道四。

全职妈妈们审视着在职妈妈们是否能够参加孩子们的学校旅行,或者在PTA(Parent-Teacher Asociation,家长教师协会,类似于中国学校里的家委会)里是否担任了足够多的工作;在职妈妈们则敏锐地观察着全职妈妈们待在家里的一举一动;选择母乳喂养的母亲在用奶粉喂养孩子的母亲面前显露出骄傲和自信;那些有能力负担有机食品并且只在"天然健康食品"(Whole Foods)商店里购买食物的人瞧不起那些不愿或是由于经济拮据而无法承担这样开销的人;那些每晚跟孩子一起睡觉的父母则看不惯那些将孩子送到托儿所或者不愿整天听孩子使唤的父母。

老天保佑你,有可能被别人质疑的教育方式千万别引起新闻或社交媒体的关注。一旦你被他们盯上了,愤怒的潮水会无情地向你涌来。我们来看看发生在内布拉斯加州埃尔克霍恩的马特和梅利莎·格拉夫夫妇身上的事吧。

2016年6月,这对夫妇带着三个孩子到迪斯尼乐园度假。他们住在奥兰多的佛罗里达温泉度假大酒店。当他们在泻湖涉水时,他们的小孩不幸被鳄鱼叼住了。当时,这对父母都在场,父亲试图从鳄鱼的口中夺回孩子,但没能成功。最终,当男孩被发现死亡之后,许多人立刻开始攻击这对父母——他们好像并不认为这对父母失去了幼子是一件极其悲惨的事。

有人在推特中写道："鳄鱼就是鳄鱼。父母不配当父母。"这条推特被转发了2300次。另一个自以为是的人写道："哦，太好了，又一只无辜的动物因为人类父母的疏忽大意而被杀害。停止这一切。我受不了了。"

还有一个昵称为"善良的灵魂"说："我不会因为一个爸爸没有看到警示标语而让他两岁的孩子被吃掉而感到难过。"

这对在迪斯尼乐园眼睁睁地看着自己的孩子被鳄鱼叼走的父母得不到公众的丝毫同情。我可以打赌，当类似的失误发生在你身上时，你也会遭受同样的"待遇"。

即使是父母们最平常的育儿方式也会被公众评头论足。乡村歌手亚娜·克莱默发布了一张超市推车上装满了罐头等婴儿食品的照片之后，便遭到了公众的纷纷议论。

亚娜绝没想到，推特上的反响竟然如此强烈……

■"自己动手做吧，别买罐头食品。它们虽然方便，但绝对没有妈妈亲手做的食品营养又健康。"

■"自己动手做吧，有营养还不贵。"

■"自己动手做吧，价格便宜，对孩子也好。"

■"我姐姐一直自己动手为孩子制作食物，更加有利于孩子的健康。我的侄子今年5岁了，他从来不吃方便食品。"

■"自己制作简单方便。只需要将蔬菜和水果蒸熟，然后捣成泥就可以了。你再也不用担心那些让人伤脑筋的防腐剂了。"

这些人真是出于好意吗？我不知道。也许吧。但这些文章读起来更像是含有攻击意味的议论。

幸运的是，克莱默并没有为此感到羞愧。她发布了一条手写的文字图片，以回应那些对她的批评："亲爱的各位伪妈妈们，除非你是裴丽的医生、她的父亲或她的母亲，不然请不要告诉我如何养育我的孩子，如何喂养她。——你最真诚的、裴丽的妈妈。"

从亚娜·克莱默身上我们可以学到很多东西。我们总会听到各种各样的议论，但要根据自己的判断来决定是否接受它们。

许多父母在心里暗自对保鲜食物表示不屑，很瞧不起它们。但没过多久，他们就在亚马逊网站打折促销时一口气买了500美元的婴儿方便食品。事情就是这样。尽管这很微妙，但的确在发生。我们常常因为惧怕别人的指责而改变养育后代的方式。问题是对一个家庭管用的育儿方式并不一定在另一个家庭中能够发挥同样的作用。

D. W. 温尼科特[①]是20世纪50年代英国的一位儿科医生和精神分析学家。他的客体关系理论解释了为什么现在几乎所有的宝宝都离不开安抚奶嘴。就是说，当父母不在身边时，婴儿需要一个让他们感到安全的爱的替代品。温尼科特还以他著名的"足够好的母亲"理论而被大家所熟知。

他认为，想要做一个成功的好母亲，就必须做一个"足够好的母亲"。（请注意，温尼科特生活在20世纪50年代的英国，在他所处的时代，通常由母亲照看孩子。你现在可以用"父母"来代替"母亲"这个

---

① 唐纳德·温尼科特（Donald. W. Winnicott. 1896—1971），英国精神分析学家。

字眼）他的意思是，孩子不需要完美的父母，不完美的父母会让孩子变得更好——由于父母不够完美，孩子们必须学会适应不完美的现实生活。

温尼科特知道，父母是不完美的。更重要的是，他明白，有缺陷、有毛病正是一位优秀的家长的标志。当你感受到当父母的压力时，请时刻记住这一点。下次在飞机上再遇到别人嫌弃的眼神时，请对自己说："你已经够好了，相当完美。"下次当你的孩子在儿童乐园里摔倒时，即使你正看着iPhone，也不必担心，你已经足够完美了。

怎样在公众场合管教你的孩子

· 不必太在意孩子的每个行为；

· 当你感觉糟透了时，给自己一个微笑；

· 记住，你可能再也不会遇到这些看不惯你的人了；

· 别人不会代替你带孩子，这是你自己的事。

在公开场所"忽视它"

前面提到的所有这些来自周围人的注视和批评，让我们在公开场所忽视我们的孩子变得压力重重。想要不去理会旁观者的蔑视是极其困难的，尤其是你看起来正在对一个可怜的孩子置之不理。但这并不是我们面临的唯一挑战，"忽视它"只有当所有的注意力全都从孩子们那些不适当的行为中消除之后才能奏效。有的时候，人们看到一个哭泣的孩子自然会表露出关注，这就足以强化他们的行为了。

下面举个例子。当我女儿5岁的时候，在大人告诉她不能再吃饼干了之后，她仍旧自己偷偷地拿饼干吃。作为惩罚，我和丈夫决定一个星期不给她吃甜点。直到我们去参加朋友路易丝的儿子乔纳森的生日聚会之前，这项惩罚措施实施得都非常顺利。

路易丝是意大利人（一个重要的细节），她喜欢将聚会搞得极其热闹而奢侈。作为一个骄傲的意大利人，在她的派对中总有非常丰盛的食物和甜点。在乔纳森的晚会上，有棉花糖机、看起来超级棒的意大利饼干、巧克力喷泉、爆米花机和免费糖果桶。

我的女儿为此激动得发疯。我为她感到难过，但我们仍然坚持原则，对她在聚会上的各种强烈的反应、表情没有任何回应——我们只能这么做。

但是，后来路易丝的祖母看到我女儿哭了。她关切地过来说："在这个聚会上谁都不应该哭。"我们向她解释了为什么女儿不高兴，但她完全没有理解我们的用意。她牵着我女儿的手，把她带到甜点桌旁。我女儿不知道该怎么办。她应该吃那位好心的奶奶给的甜点吗？她用担忧但满怀希望的目光回头看着我们。我只好过去把我女儿从这位受人爱戴的老人手中拉了回来，这引起了女儿新一轮歇斯底里的哭闹，而且哭得比刚刚更加厉害。

为什么？因为我女儿知道人们在注视着她，并且期待着有人替她求情。但对我女儿来说，不幸的是，我们的决心很坚定，绝不允许她吃甜点。

这正是在公开场合采用"忽视它"的诀窍。为了让它发挥效果，你必须消除所有对该行为的强化。只要你做好了充分的准备并经过反复的实践，这是可以做到的。

从家里开始练习

忽视孩子的尖叫或恼人的行为实际上是非常困难的。这尽管看起来很容易，但仍然需要练习。我们的本能会让我们对孩子的哭泣和叫喊做出反应。因此，如果我们想在公众场合成功地忽视孩子的某些行为，我们必须在家里先进行足够的练习，确保自己真的可以不去理会孩子所有试图吸引你注意的行为。

例如，你能拒绝孩子多看一分钟电视的哀求吗？敲叉子或恼人的噪音不会让你无法忍受了吧（好吧，至少不是特别难以忍受）？

你是否发现孩子们那些讨人厌的行为发生的次数和程度都有所降低了呢？如果是这样的话，你就可以试着在公共场合采用"忽视它"了。

不要着急。记住，当你开始不理会孩子的某些行为之后，如果由于孩子不良行为的升级而不能坚持，那将使情况变得更糟。你这样做只能教会孩子更努力地去通过那些不好的行为争取他们想要的东西，而正是父母无法坚持自己的立场促使孩子的行为一再发生。

所以，在行动之前，一定要做好充分的准备。

事先做好计划

为了确保能在公场所实施"忽视它"，你最好提前做好计划。想一想你的孩子经常发生行为问题的地方有哪些，比如，超市、礼品店、车上或亲戚家。你可以从这些地方开始行动。

一旦你决定了行动的地点，在开始之前一定要做好充分的准备，复习一下行动步骤。

还记得"我喜欢放松地阅读"吗？大声地多读几遍，这样你就不会忘记该怎么做了。

重要步骤复习

忽视它（Ignore）：不回应孩子的行为，不发出任何声响，完全消除对孩子的关注；

倾听（Listen）：仔细倾听孩子的行为；

回到孩子身边（Re-engage）：当他们的不良行为终止时，立刻回到孩子身边；

修复（Repair）：确保他们整理好之前弄出的烂摊子，并向受到波及的人道歉。

下一步，想象一下你自己在商店里不理会孩子的那些不良行为。闭上眼睛，想象周围那些围观的人，在脑海中刻画出他们窃窃私语的样子和不屑的表情。然后将它们一扫而空。

将注意力集中在如何管教你的孩子上。想象着自己就像是一个热心的路人一样对自己说："你能做到。"想象自己一点也不在乎别人的眼光，告诉自己已经足够好了，并对自己重申："我一定可以做得到。"

如果你的孩子在平常总会出现行为问题的地方表现得很好，千万别因为没有机会使用"忽视它"而感到遗憾。相反，此时，你一定要表扬孩子的良好行为。然后，准备好下次在别的公众场采用"忽视它"的方法。

时间和场所

有些地方你不应该采用这个方法，比如，在小餐馆里，你祖父母的第七十个结婚纪念日聚会现场，或者你孩子的毕业典礼等，都不是理想的场所！

有时候，会分散你注意力的外界干扰太多。在这种情况下，在你采用"忽视它"时，其他人可能会强化孩子的行为。这会给你带来极大的挫败感（比最初的挫折感更糟糕）。所以，此时，除非你能控制住其他人，否则最好不要采用这种教育方式，而使用其他的方式来管教孩子的行为（我将在第十章和第十一章中讨论这些方式）。

在另一种情况下，我也不建议采用这种方式。

如果在公共场合，你一个人带着好几个孩子，或者你在忽视一个4岁的孩子的同时还带着另一个好动的孩子，就会让你的行动太具挑战性。这时你也需要采用其他的方法。

有时候，你选择的地点可能并不是很理想，但你可以稍作些调整，然后完成它。

一次，伊丽莎白和约翰决定带孩子们出去吃一顿丰盛的晚餐。他们刚参加完邻居的生日聚会，聚会上已经吃过了许多糖果，晚餐吃得很不错，但当侍者建议他们再来点甜点时，约翰回答说："不，谢谢！"于是，女儿玛雅开始抱怨起来。约翰解释了为什么不能再吃甜点，但是玛雅根本不听，而且嗓门越来越大。她大叫着说——约翰和伊丽莎白是天底下最吝啬的父母。

餐馆很小，她这样大叫大闹显然会影响其他客人享用晚餐。在这里选择不理会她，无疑会给旁边的客人带来困扰。所以，约翰没有选择忽视她，而是离开了桌子，把玛雅带到了外面。他什么也没对玛雅说，只是让她站在人行道上，等她不再吵着要甜点。

当她安静了一会儿以后，约翰说，他们已经准备好可以回到餐厅了。他和伊丽莎白一直在家里练习"忽视它"。玛雅此时也意识到了父母在做什么。从她的经验来看，一旦父母开始不理会她，就会坚持到底。她不可能从中得到她想要的东西，所以她很快就放弃了。

玛雅和约翰走进了餐厅，和家人坐在一起。人们都盯着他们看。他们想再看一眼那个刚才大哭大闹的孩子。约翰和伊丽莎白完全明白这一点，但他们并不在乎。他们骄傲地相视一笑——他们一步一步地成功实现了目标。

当你让孩子"面壁思过"时，需要挑好合适的场所。而采用"忽视它"时也需要选择一个理想的地方，最好是一个人少的地方，这样就不会因为孩子的行为给周围的人带来麻烦。我曾经选择的地方有停车场、汽车里、人行道和卫生间。

将它们结合起来

9岁的加尔文习惯于想要什么就必须得到什么。当他的父母维尼和希拉试图拒绝他的要求时，他就会大发脾气。他的母亲经常因此感到尴尬而恼怒，只好向他妥协。随着时间的推移，这成了加尔文和家人特有的生活方式。

加尔文的父母觉得他们像是被孩子挟持了。在学习了"忽视它"之后，他们意识到，恰恰是自己给的关注以及对他的坏脾气的回应，加剧了加尔文的行为。

一次，在去科学博物馆的家庭旅行中，他们决定试着使用"忽视它"的方法。当他们在礼品店时，加尔文想要玩一个游戏。父母说不行之后，他开始大发脾气，又是尖叫又是哭泣。加尔文的父母可以看到，周围的人正向他们投来嫌弃的目光，但他们知道只有忽视孩子的哭闹才能改变他，因而镇定自若地坚持着他们的做法。

他们静静地走着，跟加尔文保持着距离。他们假装在看一些书，却时刻监视着他的举动。周围的人被加尔文吓坏了，而加尔文感到非常困惑。维尼和希拉也曾产生过片刻的迟疑。但是他们提醒自己，这些陌生人并没有抚养过他们的儿子，不用去理会他们。

之前，加尔文的坏脾气总是很快就能奏效。但这一次，当他尖叫之后抬头看到其他购物者的脸，突然感到很尴尬。他发现父母并没有给予他任何关注，于是站了起来，温顺地问他们是否可以离开商店。母亲随即搂着儿子的肩膀向出口走去，加尔文的父母都很高兴。

随着时间的推移，加尔文发脾气的次数越来越少。他的父母并没有因为加尔文不适当的行为而给予他关注，而是将注意力集中在他表现好的一面。加尔文渐渐喜欢上了这种感觉，并且努力地增加自己的"良好行为积分"，以获得到博物馆玩游戏的机会。

维尼和希拉在科学博物馆时做得很对。他们知道，自己需要做的是——当加尔文发脾气的时候，不让他得到他想要的东西，从而帮助他改掉这个坏习惯。这个挑战对他们来说非常重要，所以他们必须特别专注于行动的每个步骤。

他们在礼品店里一起完成了这件事，彼此向对方提供了必要的支持，而且没有让旁观者扰乱计划。同时，维尼和希拉在加尔文停止发脾气时，立刻回到了他的身边。加尔文对他们的措施给予了正面的回应，从此不再随意发脾气了。

■ 陌生人不会帮你抚养孩子，那是你的责任，因此他们的看法跟你没有任何关系。

■ 足够好的父母并非完美的父母。

■ 在公众场所使用"忽视它"之前，先在家中进行练习。在外面这么做时，要选择一个合适的地点实施这项措施。

Chapter 8

这根本不管用，一切变得越来越糟

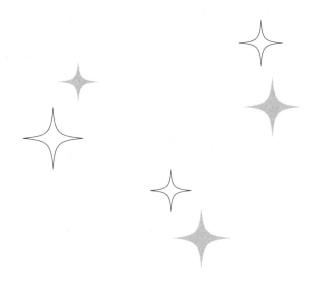

在我作为一个家长培训师的职业生涯中，曾经跟我的客户聊过许多话题。其中有一句话是绝对没有人愿意听的，那就是："在情况好转之前，它会变得更糟。"

所有的父母都不想听到——在光明到来之前必须先要面对黑暗。不，他们渴望问题可以立即得到解决。他们想要孩子立刻停止哭泣，并从此开始拥有健康的饮食习惯和八小时的睡眠。

相信我，我知道你们想要这些，我真的知道。

唉，但现实总是不尽如人意的。初期采用"忽视它"时，在情况好转之前，事情往往会变得更糟。

现在，我举个例子来说明这个问题：

还记得你上小学的时候，班级里总有那样一个孩子吗？当他知道了一个问题的答案时，完全没法坐在他的座位上。他就像现实世界中的《欢迎归来，科特先生》^①里的阿诺德·赫谢克（Arnold Horshack）的兄弟。这个招人烦的孩子为了引起老师的注意，不停地"啊""哈"，或把手指的关节弄得咔咔作响，总之就是没法老老实实地坐在他的座位上。

好吧，我的一位当老师的朋友朱迪·琼斯的班级里就有这样的一个孩子——乔治。只要乔治知道老师提出的问题的答案，就会疯狂地举着手。他知道，虽然他这样做有时会被老师批评，但总能成功引起老师的注意。而且，这让他经常可以被老师抽中回答问题。

但有时朱迪并不打算让他来答题。她会说："乔治，你如果不能安静地坐在位子上，我就当没看见你举手。"是的，尽管朱迪没让他回答问题，但她仍然给予了乔治他想要的关注。

我向她介绍了"忽视它"的方法。她很快就意识到，自己错在不应该回应乔治为了引起她的注意而采用的不正确的行为——她每多看乔治一眼，都在强化他的这些行为。因此，朱迪决定在课堂上实施"忽视它"。下次当乔治或任何其他学生疯狂地朝她挥手的时候，她不会再理睬他们。

第二天，乔治再次因为他知道问题的答案而兴奋异常。他像往常一样兴高采烈地举着手，但这次他没有受到老师的任何注意。

"一定是哪里出了什么问题。"乔治很肯定地想。

为了向老师表明他知道答案，他叫得更厉害了。朱迪还是没理会

① 《欢迎归来，科特先生》是一部美国情景喜剧。主要讲述了一名高中教师跟他不同种族和民族的学生之间的故事，最初于1975年9月9日到1979年5月17日由美国广播公司播出。

他，而是请他左边三个座位之外的那个安静的女生回答了那个问题。

我们可以设想当时的情景：乔治使劲地叫喊着，而朱迪一直装作没有听到。他大声叫她的名字，不停地哀求。当他发现老师好像没看见时，他开始在座位上不停地上蹿下跳。

他一遍又一遍地喊着老师的名字："琼斯老师！琼斯老师！琼斯老师！"

但奇怪的是，她仍然没有看到也没听到。乔治不明白究竟哪里出了问题，他站了起来，直接大声地说出了答案。而朱迪继续告诫自己"忽视它"，还是没有理会乔治。乔治很困惑，他叫喊得更厉害了。他的声音越来越响，还敲打着他的桌子。

我的朋友打电话给我，说"忽视它"根本不起作用。

"使用起来越来越难了，"她叹了口气说，"我根本做不到"。

"不，"我说，"相信我，它就像变魔法一样"。

事实上，几个星期后，她又打电话来了。

"我简直不敢相信，"她说，"乔治原来是一个可以变好的学生"。

本章将为你解释为什么有时孩子的行为会因为"忽视它"而变得更糟，以及遇到这样的情况时应该如何处理。同时也会向你解释为什么最终孩子的行为会变好。

灭绝性爆发

在采用"忽视它"时，孩子们那些不好的行为在短时间内恶化的现象被称为"灭绝性爆发"。这种现象已经经过了很多科学研究。这些研究表明，你忽视的那些行为在被彻底改善之前，在短时间内其强度、频率和持续时间都会有所增加。

在成年人的世界里，我们很容易理解这种现象：当你在一个炎热的夏天去长途旅行，走到最后一英里时，你极渴望能喝一瓶冰镇汽水。你想着，一旦到达目的地，你就可以得到它。最后，你终于到达了目的地。你来到自动售货机前，将一张1美元的钞票放了进去，然后按下选择按钮。可是什么东西都没有出来。因此，你一个劲儿地拍打着上面所有的按钮。

还是什么都没有。你感到血压升高，汗水顺着你的额头不停地往下流。你使劲敲打着那台机器，希望能把你急需的饮料弄出来。但还是什么都没有。

你生气了吗？是的，在你离开之前，你一定会猛踢一脚那台机器，做最后一次疯狂的尝试。唉，仍然没有出现你要的汽水。

让我们来分析一下这个自动售货机的例子，这样你就可以准确地看到它与"忽视它"之间的关系了。

既定行为：把钱投入自动贩卖机（在我们教育的过程中可以看作是孩子们不好的行为）。

正强化：得到了想要的饮料（好比在超市里孩子逼着父母给他买想要的巧克力）。

"忽视它"：既定的行为不再受到鼓励。钱被投入机器，但没得到想要的饮料（家长不理会孩子的不良行为）。

灭绝性爆发：为了让机器工作，对它进行疯狂的报复。

如果这种情况发生在你身上，下一步你会做什么？

你可能会想别的方法。也许，你会随身携带一瓶冰饮料，或者查找最近的便利店的位置。但是，如果你还没有从上次的经验中吸取教训呢？

再想象一下，你在同样炎热的夏天走了同样远的距离。你终于到达了自动售货机，然后把钱投了进去。猜猜发生了什么？什么也没有。你的饮料还是没有出来。你现在感到无比的愤怒——不仅是对那台机器，你还因为自己犯了同样的错误而感到生气。为了得到你的饮料，你做着最后的努力，冲着自动售货机狠狠踢了一脚。

你的脚趾感到一阵阵的疼痛，但还是什么也没有出来。经历了两次失败，我敢肯定你绝不会再把钱投进去了。或者，正如一句老话所说："愚弄我一次，可耻的是你。愚弄我两次，我该感到羞耻。"

你会试着寻找一种方法来解决你口渴的问题。你会知道，无论你有多渴，无论你怎么踢自动售货机，都不会有饮料从里面出来。

自动售货机的这个案例就是典型的灭绝性爆发的案例，正如你刚刚开始"忽视它"的时候会看到的那样。

你可以把它看作是彻底消除那些长久以来养成的不好行为的过程中必然会出现的一个阶段。好消息是这段时间通常很短，而且很容易被克服。

下列是一些灭绝性爆发的典型表现：

·更加频繁地发脾气；

·发脾气时间更长；

·哭闹的声音更响；

·更难听的脏话和辱骂；

· 更多的暴力行为；

· 打人更厉害；

· 可能会咬人；

· 扔东西；

· 毁坏财物；

· 引发出新的行为问题；

· 自我伤害行为，例如用头撞墙等（这需要一个精通应用行为分析的顾问帮助，有关资料详见附录）；

· 效仿其他人实施危险的行为（也需要寻求专业帮助）。

记住，灭绝性爆发是孩子的行为在强度、持续时间和频率上的增加。孩子们如果平常每天发三次脾气，在此期间，他们很可能一天发五到八次脾气，而且会更加愤怒，破坏性也更大。

如果孩子通常发脾气的时间会持续5~10分钟，那么，现在很可能持续20分钟，甚至是40分钟。但是，非常重要的一点是，在他进行完最后一次努力之后，他的那些不好的行为就会完全消失。

对一些孩子来说，需要被改善的行为将完全消失，再也不会出现。对另一些孩子而言，那些行为将得到很大的改善。你4岁的孩子再也不会发脾气了吗？我对此表示怀疑。但通过这样的锻炼，将帮助你积累丰富的管教孩子的经验。

坚持到底，不要放弃

克服灭绝性爆发的困难之一是父母很容易被它愚弄。父母能够在发现问题后寻求解决它的方法，但当他们遇到困难之后却轻易就放弃了。因为一旦孩子的行为因此变得更糟，父母立即认为他们的措施是错误的。

这不只是一个巨大的失败和挫折，更糟的是——它教会了孩子们——他们可以通过更加糟糕的行为迫使父母改变想法。这使得家长们对子女的教育变得更加困难，今后也更难实施任何其他的措施了。

以一个沉迷于电子游戏的孩子为例。

妈妈和爸爸决定，如果他们的儿子杰米在晚饭前不关掉他的Xbox360游戏机，他将不能在晚上剩余的时间里再玩游戏了。开始几天里，爸爸和妈妈试图实施这项新的规定，他们的儿子却因此变得很生气。他大声叫着他们的名字，但他们始终不理睬他。

到了第三天，不被允许玩游戏的杰米开始失控了。爸爸当时还在工作，所以只有妈妈一个人对他实施管教的措施。他开始抱怨，嘲笑他妈妈的衣着和发型，大声问她这个月是不是又胖了15~20磅。然后，他开始激怒他的妈妈，朝她扔棋子。一颗棋子正好击中妈妈的眼睛下面。妈妈终于忍无可忍了，对他说："好吧，你要是愿意的话，尽管玩通宵吧。我不管了！"说完之后，她冲到浴室里大哭了一场。

妈妈也是人，她已经尽力了。但不幸的是，妈妈的这一举动让自己的生活变得更加困难了——她在那一刻放弃了，将令她在之后更长的一段时间里承担这个后果。

尽管灭绝性爆发可能会带来很大的压力，但这个过程通常是短暂的。一旦孩子发现自己的行为将不会产生预期的效果，他们将会停止行动。当孩子发现父母不再对他那些不好的行为给予关注时，他们就会出现反弹。他们会感到失望和愤怒，因为他们和父母之间的关系规则发生了变化。

设想你的工作时间之前一直是4~8小时。然后，有一天，你的老板告诉你，你从现在开始，必须工作7~11小时，包括周末在内。你会生气，对吗？

在对你的孩子采用"忽视它"时也同样如此——孩子的灭绝性爆发可以帮助父母更好地坚持"忽视它"。此外，我们应该将灭绝性爆发视作行动收到一定成效的标志。这是孩子对你的这项措施做出的正常反应，这意味着他们感受到了你的变化。

这对你来说应该是个好消息，一定要坚持到底！

爆发，爆发，爆发

关于灭绝性爆发，还需要说明一点：有的时候，当孩子的一个愤怒行为好不容易平息了之后，可能会紧跟着另一个行为问题，然后是另一个……

比如瑞秋，她是一个很爱抱怨的孩子。当只拿到了20根薯条时，她抱怨；当得不到柠檬水时，她抱怨；甚至当妈妈带她去按照顾客的外貌制作泥塑的陶器店里，但只能为她做一个小型泥塑时，她也会抱怨。瑞秋想知道，她为什么不能画一只盘子、一个碗或做一个大型泥塑。妈妈说"不"。但"不"对瑞秋从来都不管用。她还是不停地发牢骚和抱怨。

你认识像瑞秋这样的孩子吗？

这次瑞秋终于遇到了对手——当她的妈妈开始忽视她的抱怨时。妈妈感到宽慰，因为她终于可以不必去理会瑞秋的每一次抱怨了。妈妈很兴奋，她开始不断地忽视瑞秋的那些反对意见。当然，瑞秋一停止抱怨，妈妈就会立刻回到她的身边。

当妈妈开始忽视她的抱怨时，瑞秋感到非常震惊。此前，她常发牢骚和抱怨，而且十之八九因此得到了她想要的东西——可能是更多的炸薯条或柠檬汽水。即便她得到的是负面关注，对瑞秋而言也是划算的。因为当瑞秋被妈妈骂的时候，她至少成功地将妈妈的注意力从工作、手机或瑞秋的弟弟身上转移到了她这里。

不管怎样，当瑞秋发觉她通常的把戏不再有效时，她感到很生气。但她仍然保持冷静，决定加倍努力。她认为如果自己抱怨得更凶一些，一定会击败妈妈。然后妈妈就会像往常一样崩溃，最后屈服。于是，瑞秋的行为变得更糟了——非常糟。她抱怨得越来越大声，说的话越来越难听，简直让人忍无可忍。

瑞秋的妈妈知道，此时应该期待她的灭绝性爆发。然而，瑞秋的案例比一般孩子复杂得多——瑞秋多年来一直操纵着她的父母。由于父母对她的不良行为给予鼓励的时间太长，因此，要消除所有这些行为需要花费更长的时间。

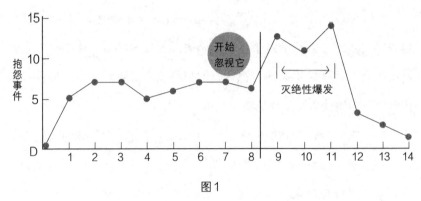

图1

此图显示了瑞秋是如何展现她的灭绝性爆发的。

妈妈将瑞秋每天抱怨的次数记录了下来。在采取"忽视它"之前的八天当中，瑞秋通常一天抱怨5~7次。第九天，妈妈开始"忽视它"，而瑞秋开始了灭绝性爆发。

接下来的几天对妈妈来说非常痛苦——瑞秋持续不断地抱怨着。妈妈在第九、第十和第十一天中记录了至少12次抱怨。妈妈被弄得筋疲力尽，但她仍然坚持不懈。令人惊讶的是，到了第十二天，瑞秋的抱怨次数开始减少了。从那时起，一天只有1~2次。

给妈妈鼓掌！嗯，差不多了。但我们现在还不能庆祝胜利。

"忽视它"显然对于减少瑞秋的牢骚起到了作用，但其他的行为随之开始出现了。妈妈记录了她身上出现的所有不好的行为，结果如图2所示。之后，瑞秋成了一名"谈判专家"。一旦她不再抱怨之后，就学着跟父母讨价还价。现在，瑞秋很擅长这一招，如果有什么她想得到的东西，她就会去跟父母讨价还价。在这方面，瑞秋在13~16天内就达到了顶峰。

妈妈意识到，讨价还价仅仅是抱怨的替代行为。于是，她继续"忽视它"。

到了第十七天，瑞秋几乎不再讨价还价了。就在妈妈准备不再"忽视它"的时候，最后的灭绝性爆发开始了。妈妈有些吃惊。她虽然知道瑞秋可能会抱怨得更加厉害，但这次的爆发远远超出了正常的水平。

我向妈妈解释说，这种行为从来没有达到过这样的水平，是因为她的女儿通常能够控制局面。

瑞秋说妈妈很丑，没有人喜欢，还说她是个差劲的厨师。对妈妈来说，这是一个非常困难的阶段，但之前成功地消除了瑞秋的抱怨和讨价还价帮助她下定决心——绝不放弃自己的行动。

到了第二十五天，瑞秋那些令人讨厌的行为几乎都消失了。妈妈仍然警惕地忽视任何偶尔发生的抱怨和讨价还价。她继续"忽视它"，而且，这些行为受到了很好的控制。

同时，妈妈跟我说，她自己的情绪也有了惊人的变化。她之前预料到瑞秋会因此发生改变，但她没想到的是在自己身上也同样发生了变化。妈妈说自己现在可以享受和瑞秋在一起的时光了。

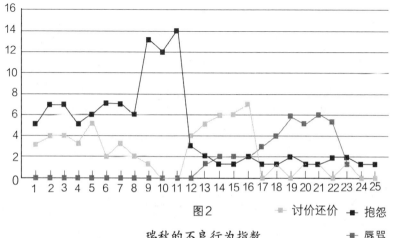

图2

瑞秋的不良行为指数

讨价还价 · 抱怨 ■ 辱骂

切记，最重要的一点是"忽视它"！一旦你开始之后，必须坚持忽视所有将会出现的不良行为！只要严格按照规则行动就可以了。

请记住，灭绝性爆发虽然有时让人感觉非常困难，但它恰恰证明了你的行动对孩子产生的影响！坚持下去，继续忽视这些灭绝性爆发的行为。这种行为将会随之得到大大地改善。等待它的出现吧！

对待灭绝性爆发的要点

■ 将灭绝性爆发作为一个标志，它表明你的努力正在生效；当行为变得更糟时，试着记住孩子的那份坚韧——它现在可能让你感到很不舒服，但这实际上是他（她）身上的一种很好的品质。

■ 大笑，好吧，但不要让你的孩子听见。因为这不是在"忽视它"，同时无疑也会激怒他们。在你的心里暗自大笑。有时，孩子们会说出很令人难以置信的言论。相信我，你可能会对孩子说出的不堪入耳的话感到彻底绝望。这时，试着幽默一些会帮助你保持冷静，而不是让自己陷入糟糕的境地。

■ 坚持到底。"忽视它"在灭绝性爆发期间最困难，它可能很容易会因此而失败。但是，坚持到底才能确保不好的行为被完全消除——这才是让孩子的不良行为彻底消失的根本原因。

■ 确保你不会等太久才重新回到孩子身边。一些愤怒的行为可能是因为错过了重新引导的机会而引发的。当你忽视孩子的行为时，一定记得要仔细倾听，这样你才可能尽快地重新回到孩子身边。

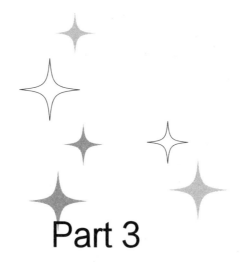

Part 3

鼓励，是的，仍然需要鼓励

Chapter 9

鼓励好的行为，忽视不好的行为

"行为主义"的概念是消除强迫，即通过改变环境对行为进行控制，比如强化那些使人受益的行为。

——B.F.斯金纳

　　然而，情况并非总是如此，孩子们还是很愿意讨父母喜欢的。他们会毫不犹豫地选择被父母夸奖而非被惩罚。如果给予孩子们适当的机会，他们总是愿意做那些对的事。但我们应该如何提供这样的机会呢？

　　"忽视它"只解决了教育中的一部分难题。它帮助父母们消除了孩子身上许许多多令人厌烦的日常行为。但仅仅忽视孩子们那些不好的行为是不够的，我们还需要巩固他们身上好的行为，鼓励他们好的一面。"忽视它"基于"被强化的行为更容易重复出现"这个理论，而父母却总是强化孩子们的错误行为。

　　以13岁的杰瑞米为例。他经常上学迟到，因为他总是把事情留到早上来做。他的母亲珍妮每天早晨都在催促他快一点。现在，她开始大声地冲他喊，因为杰瑞米又找不到他的活页夹了。

　　校车到之前，珍妮满屋子追赶着杰瑞米，让他赶紧出门，而杰瑞米喊着："我的活页夹在哪儿？"当他错过了校车，珍妮只能开车送他去上学。她皱着眉说："如果你再错过校车，我就不送你去学校了。"但杰瑞米知道，她只是嘴上这么说说而已。

为了让他加强自我管理，提高早上的时间利用率和积极性，她总是不断地帮杰瑞米弥补他的错误所带来的后果。她冲他吼，恰恰给予了他关注；她在他拖拖拉拉的时候帮助他收拾烂摊子；她让校车成了杰瑞米可坐可不坐的一种选项。

珍妮告诉他必须赶上校车"不然就……"。然而，她所说的"不然"从未出现过。杰瑞米错过了校车，她却让他可以更舒服地去上学——专车送达。

那么，妈妈催促他快一点的时候，杰瑞米为什么要听呢？另外，作为额外的奖励，他还能看到妈妈像斗牛犬一样追着自己满屋跑的情景——这让他很开心。

研究表明，行为消除（即"忽视它"）与正强化相结合，在消除不良行为方面更为成功。而且，如果应用得当，灭绝性爆发出现的可能性也会大大减少。

然而，相对于积极的事物，人们总是更容易关注消极的事物。所以，假如你感觉"忽视它"很难，那么请做好心理准备——想要对良好行为给予持续的表扬和奖励可能会更加困难。但是如果我们不能做到这一点，就不可能完全根除孩子的那些不好的行为。

什么是与不良行为相反的行为？

人们做任何事情都是为了达到某种目的。

兄弟姐妹争斗是为了迫使父母介入；孩子哀求想要一个冰激凌，是因为这样做经常让他至少能够得到一个加大份的棉花糖；十几岁的孩子做那些令人讨厌的粗鲁的行为，是因为他（她）想一个人待着——父母通常很讨厌他们的这些行为，因此就让孩子一个人待着；一个小女孩身上哪怕起了个小肿块也会大惊小怪，是因为她渴望得到额外的关注；一个小男孩不理会父母让他关掉电视的要求，是因为他知道如果他假装听不见，就可以多看15分钟电视。

每一个行为都有它的作用和存在的理由。这个理由就是父母给予的奖励。当家长认识到孩子们是在通过不好的手段来获取这些奖励，转而对他们良好的行为进行奖励时，这场亲子游戏的形式就将从此永远转变——孩子们不适当的行为会减少，而适当的行为会增加。

在我们讨论如何奖励孩子之前，我们需要知道应该奖励他们的哪些行为。当父母问我如何改善孩子的行为问题时，我会问他们想看孩子身上什么样的行为。

家长们通常回答说：

·希望他听话；

·希望他听我在说什么；

·希望他有礼貌；

·希望他们不要互相打闹；

·希望他们的房间保持整洁；

·希望他在没有得到想要的东西时不要发牢骚、哭闹或者讨价还价。

我觉得这个清单里的内容很有道理，而且父母的要求都是合理的。问题是这些目标难以衡量和评估，它们是模糊的——父母如何衡量孩子是不是听话？什么样的标准叫作"整洁"？

父母需要把他们希望的行为具体化，变得可衡量，好知道什么时候应该对孩子进行奖励。

在开始做这一步时，最好的办法是先想想你一直想要忽视的行为是什么，然后再考虑与之相反的行为是什么，并确保对于观察者而言是可以用某种方式衡量的。对于每一个你想要消除的行为，你必须用一个更积极的行为来取代它。

下表提供了一些示例：

不好的行为	与之相反的行为
抱怨	想要什么东西的时候，用温和的语气和父母说话
哭闹	不给他想要的东西时不乱发脾气
讨价还价	父母不同意他的请求时，立刻接受
房间乱七八糟	脏衣服不要扔在地板上，将它们放进洗衣房的篮子里
大声讲话	用在室内适当的音量说话
餐桌上的坏习惯	吃饭时正确使用餐具
不讲礼貌	使用"请""谢谢"等字眼
对家人态度恶劣	和家人出去时不抱怨

一旦你确定了你想要经常在孩子身上看到的行为，就可以有意识地计划奖励它们了。

"将胡萝卜挂在骡子面前"

在现实生活中，有两种奖励方式：外在的和内在的。

当某人或某事为行为提供了外部动机时，即为外在奖励。这些外在动机可以是物质奖励或口头奖励。比如，当你出色地完成工作时，被告知"干得漂亮！"或者因业绩好获得了奖金（其实工作业绩本身也是一种外在奖励的形式）。

内在奖励则是指一个人的行为是出于内在动机。孩子们运动是因为他们觉得运动很有趣，这就是内在激励。孩子们为了奖杯或者为了让父亲感到骄傲而运动，这就是外在的奖励了。

父母有时不愿意为行为提供外在奖励，因为他们担心，孩子一旦失去了这种外在奖励就没有了继续下去的动力。事实上，这种担忧并没有得到科学研究的支持。相反，当一种行为本身已经具有内在奖励，但缺乏开始的兴趣时，就需要创造一种外在的奖励作为良好行为的开端。

让我们回过来看看杰瑞米。现在，他完全没有按时到校的内在动力。他讨厌上课和校车，所以他的"拖延战术"收到了完美的成效。妈妈为了使杰瑞米改变他的行为，必须采用外部奖励。

外在奖励可以促进内在动力。我们来想象这样的情景：一位老太太正在过街，一个十几岁的男孩从她身旁经过。这时，一辆卡车向她疾驰而来，这位老太太摔倒了。那个孩子立刻冲过去，将老太太搀扶起来，并将她扶到人行道上。

人们看到他是如何冒着生命危险帮助了老太太，他们聚集在他周围称赞他。老太太对他也很感激。当地的警察局长在广场上授予了男孩"见义勇为奖"。几天后，当地的一家报社记者打电话来向他了解更多的情况，为了在星期日的报纸上发表一篇关于他事迹的文章。

现在，我们来看看这个男孩为什么要帮助那位老人？

你认为他这样做是为了成为当地的英雄吗？或者他这样做是因为曾经被教导应该照顾老人？我向你保证一定是后者。但是，他的父母是如何教育他帮助老年人的呢？他们可能是通过平常遇到的具体事情对他进行教育的。比如，他在进门时为别人开门，他的父母可能因此表扬了他；也许当他给中风的祖父母喂饭时，他们可能对他表示过感谢；也许当他对大人有礼貌时，他们对他微笑、点头或竖起大拇指。

每当他们的儿子做了一件值得夸赞的事，他的父母都给予了积极的鼓励。他喜欢这样的肯定，为此他愿意继续做这些事。最终，男孩明白了——乐于助人的感觉很好——从此他不需要外界的任何肯定就可以自我激励并这么做了。

父母能够并且应该对孩子良好的行为提供外在奖励。它是教育并重塑孩子行为的一个机会，我们不应该错失这样的良机。我们的生活中充满了外在奖励。父母应该对此善加利用。适当地将正面奖励与"忽视它"相结合，可以帮助我们很好地教导孩子们，让他们不再调皮捣蛋。

积极强化：为行为提供好处，增加行为再次发生的可能性。

外在强化：别人提供的外部奖励驱动的行为。

内在强化：内在奖励的行为。

奖励

奖励分为四种形式：社会型奖励、食物奖励、物质奖励和体验型奖励（下面的表格中可以看到这四种奖励形式具体的例子）。

最基本的、没有压力的奖励是社会型奖励。它包括口头鼓励或非言语的认可，比如眨眼、击掌或竖起大拇指等。社会型奖励容易执行，使用起来也很方便。但是，有些孩子难以被社会认可所奖励。

另外，一些孩子可能对非语言的社会型奖励不太敏感，且难以识别，导致这种奖励方式对他们可能没有那么有效。年龄较大的孩子可能会对父母的当众表扬感到恼火。他们会愿意跟穿着平价运动鞋和"五分钱乐队"T恤衫的爸爸击掌吗？嗯，不，还是算了，谢谢。

然而，对于那些渴望取悦父母的孩子来说，社会型奖励却是非常有效的。

食物奖励是指诸如汽水、果汁、迷你棉花糖、M&M巧克力、口香糖和甜点等食物奖励。它们在小孩子中很受欢迎。许多孩子都是在这些小甜点的帮助下成功地训练如厕的。然而，一些家长并不喜欢使用食物作为奖励，因为这可能会增大糖的摄入量，使体重增加，并且无法养成健康的饮食习惯。

此外，当孩子已经有了糖果时，再给予食物奖励就没那么有效了。

物质奖励是他们可以真正得到的物品，比如玩具、杂志、书籍、贴纸、服装、乐高玩具、小汽车或美术用品等，都是很好的奖品。小孩子们喜欢这些物质奖励。他们中的许多人天生就是收藏家，而其他的只是享受得到新东西的感觉。年龄较大的孩子们也很渴望获得同龄人都有的东西。

潮流变化很快，孩子们必须不断更新他们的装备。因此，物质奖励是对他们特别有效的激励，但这需要很大一笔开销。

最后一种奖励是体验型奖励。这种奖励方式是让孩子做某些他们喜欢的事情，而不仅仅是接受某些东西。我们最常使用的体验型奖励是带孩子去他们喜欢的地方（如图书馆、书店、公园等），给他们安排与父母独处的时间，或者一起做一件快乐的事，比如一起野餐、去一位喜爱的朋友家里做客或一起做一顿晚餐。

我喜欢这一类型的奖励，因为它们可以达到双重效果。一方面，孩子们可以做他们喜欢做的事情，这有助于激发良好的行为；另一方面，在这个过程中父母也能够感受到快乐，亲子关系能得到改善。它的不足之处在于这类型的奖励需要做特别的安排，不是随时都可以使用的。

四种奖励形式			
社会型奖励	体验型奖励	物质奖励	食物奖励
拥抱	野餐	贴纸	汽水
亲吻	一起做游戏	邮票	蛋糕
夸奖	泡泡浴	一次性文身贴	冰激凌
竖起大拇指	一起做饭或烘焙	火柴盒汽车	思乐冰饮料
点头	晚些睡觉	乐高玩具	可那冰
表扬	玩电脑	百宝箱	迷你棉花糖
微笑	玩游戏机	杂志	迷你巧克力豆
击掌	逛书店	书籍	糖果

社会型	体验型	物质奖励	食物奖励
拍拍背	多讲一个睡前故事	付费电影	家里做的可口食物
眨眼	一次外出旅行	付费歌曲	外出就餐
	开一个聚会	手机应用程序	比萨
		运动用品	
		美术用品	
		新衣服	

奖励原则

对于你决定采用何种方式来奖励孩子，并没有什么硬性的规定，但有一些指导方针可能会对你有所帮助。

奖励只有在孩子们非常想要这样东西或者这种奖励是专门为其特别准备的情况下才有效。为了让这些奖品真正能够激励孩子，你必须全心全意地准备它们。只是因为你的孩子摸了一下贴纸，并不意味着你奖励她一包贴纸她就会乖乖听话。

如果孩子已经拥有市场上所有的乐高玩具，那么，再给他们一套乐高玩具作为奖励可能对他们不会有多少激励作用。然而，对于另一个酷爱乐高的孩子而言，由于非常渴望积攒更多的乐高玩具，为了再得到一套玩具，足以激励他自觉地整理玩具。

重点在于：针对每一个孩子的需求找到最适合的奖励。

奖励必须在孩子们良好的行为发生之后立即实施。将孩子塞进被窝里时才告诉他，你为他8小时之前做的事情感到自豪，显然是行不通的。对于一个孩子而言，上午11点和奶奶在一起的温馨时刻，到了下午1点已经是永远过去了的事了。

换句话说，即使你打算稍后再给予孩子物质奖励，也一定要在发现孩子的良好行为的当下立即实施社会型奖励，即对孩子进行表扬，或给他们一个拥抱。

记住，每个行为背后都有某个目的。回想一下你认为应该"忽视它"的行为。在这些行为背后，你的孩子真正的目的是什么？它能引起更多的关注吗？在睡觉的时间讨价还价是否可以被允许多看一些书？孩子们的抱怨有没有让他们得到更多的玩具或甜点？

如果可能的话，用这些目的作为对这些不好行为相对应的良好行为的奖励。

如果你的孩子经常在上床的时候拖拖拉拉，那么当他准时上床的时候给予他奖励。如果孩子晚上8点之前已经换好了睡衣，刷好了牙，那就在睡前让他多看一本书。这正是他们采用那些不好的行为时希望得到的东西，只是你把它们变成了良好行为的奖励。

如果你的孩子渴望得到你的关注，那就在他们表现好的时候多多关注他们。将孩子们渴望的东西作为良好行为的战利品奖励给他们。

有时，父母非常急于改善孩子的行为，以至于给孩子过高的奖励。这是一个极其糟糕的方式，因为有可能当你大叫"谁想要冰激凌"的时候，孩子们早已对这样的奖励麻木了，你可能会因此备受打击。

寻找能激励孩子的最小的奖励方式。如果需要更大的奖励，那么也应从最小的奖励一步步来（见下面的代币制①）。

为了让孩子能够投入奖励制度之中，最好从简单的事情开始。如果孩子认为你希望他们做到的事情太难，他们可能会选择放弃。从一些你希望看到的行为开始（孩子们不能同时管理自己的十种以上的行为，从两三个行为开始入手比较合适）。

选择一个孩子曾经做到过但不是经常做的简单的行为。再选择一个孩子可以做到但不愿做的行为，和一个稍微需要努力才能做到的行为。你最好能找到一个孩子一定能做到的良好的行为，这样你就可以忽视除此之外其他所有的不良行为了。

比如，一个非常没有礼貌的孩子，在对别人提出要求时从来不说"请"或"谢谢"。那么，你可以忽视他所有不用"请"或"谢谢"的请求。只有当孩子以适当的方式询问你时，才做出回应，然后再给予奖励。

因为你忽视他们所有的要求，孩子就得自己争取得到奖励。这对父母和孩子都有好处。当孩子身上那些你想要改善的行为有所改进时，你的奖励制度也要随之进行调整。例如，一开始，每次孩子按时上床睡觉都会得到奖励，但你不可能一辈子都在这件事情上奖励他。所以，一旦他开始获得奖励，你就得让获得奖励变得更具挑战性。你应该告诉他，如果他能连续五天按时上床，他才能得到奖励。一旦他做到了，就要再确定更进一步的奖励制度。

最后，在彻底终止这项奖励制度之前，你可以安排一项特殊的奖

---

① "代币制"实际是一种取代及时强化物的方式,比如用记分卡、筹码等象征性的方式。

励措施，比如"如果连续两周不在父母的催促下按时上床睡觉，就可以邀请五个朋友来家里举办'睡衣派对'（在家过夜）"。你让他知道，你为他变得多么了不起而激动不已，然后从此不再需要对这件事进行奖励了。当然，你应该继续对他的这种行为进行夸奖和表扬。

有时，孩子们无法一下子达到你心中的目标。比如，你的孩子们总是爱在车上打闹。如果你设定的目标是要他们安静地坐在一起20分钟，那么，这个目标将很难实现。你只会让他们感到挫败。实际上，你应该将它分解成可实现的小目标。

如果他们不能做到坐在一起5分钟不吵架，那么就从4分钟开始。同样，如果你希望你的孩子学会做饭，不要一开始就要他做五道菜。这实在太难了。你应该安排他做一个沙拉或者帮忙装饰餐盘等这样的小目标。当他做到这些小目标以后，再一步步地实现总体目标。

正强化和奖励有一个基本原则，那就是一旦给出了奖励，就不能再从孩子那里拿走。

父母和孩子通常会非常兴奋地开始他们的奖励制度。但当那些不好的行为开始抬头时，父母通常感到非常生气。在没有任何其他手段辅助的情况下，父母一时冲动拿走了孩子们已经得到的奖励——没有什么比这更不利于巩固和保持好不容易才在孩子身上出现的那些良好行为的了。

让你的孩子放弃奖励系统最快的方法，就是拿走已经给他们的积分、星星或其他任何东西。如果有了失误这些奖励就可以被拿走，那么，孩子们为什么还要努力做到最好呢？他们的积极性因此被削弱了，他们会觉得这么做根本就不值得。

即便我在工作中犯了一个错误，老板也不可能收回我已经挣到的工资——奖励也是一样的。因此，请切记这条基本原则：不要拿走孩子们已经得到但还没用掉的奖励。任何情况下都不可以！

代币制度与报酬表

以代币的形式给孩子提供奖励的行为改进方法，称为代币制度。这些代币以后可以交换一些其他的东西。我的儿子在学校里为自己赚取仿真美元，用它来交换一些特权，比如，午餐吃的比萨饼，或者和老师一起去商店买东西。这些美元是对孩子们良好行为的奖励。

在家里，孩子们可以赚取积分、贴纸、星星、便士、弹珠或奖券，以后用它们来换取更大的奖品。

父母可以提供几种奖品作为选择。如果孩子想要更直接的奖励，你可以给他们一些价格便宜的小奖品。如果他们要的是相对昂贵的奖品，则需要花时间来赚取足够的代币。例如，也许5张奖券可以换取睡前多讲一个故事或10分钟的电脑游戏，而50张奖券则可以换取在某个特殊的夜晚去日本牛排屋吃一顿铁板烧。

代币制度就像实体经济一样。我确实是为钱而工作，但是，除非我把钱换成食物、房子或汽车，钱本身对我没有任何好处——我们挣钱的目的是消费。

代币制度为孩子和父母带来了许多好处。在任何地方、任何时间都可以立即颁发奖券。这很重要，因为为了强化行为，奖励必须在行为之后立即实施。代币允许父母让孩子们得到特殊奖励，同时还能提供及时的奖励——代币本身就是一种奖励——虽然它本身不能带来任何享受，但可以换取那些享受。代币可以有效的激励那些年龄较大的孩子，促使他们完成相对比较困难的任务。

不断变换奖品对于已经对一种奖品失去兴趣的孩子来说至关重要。比如，你规定如果孩子晚上可以自己睡觉，第二天一早就可以得到一碗甜麦圈作为奖励。过了一阵子以后，孩子肯定会厌倦这种零食。那么，他一定会选择不要奖励而是去你的床上睡觉。使用代币可以让我们灵活地根据孩子感兴趣的东西调整奖品。

为了使用代币制度，你需要将奖品根据价值（价格或时间）的多少列成一张清单。然后为每个奖励分配一个分值。

换句话说，在获得奖励之前，孩子应该知道需要多少代币（奖券、贴纸之类的）才能换得他想要的奖品。

可以让年龄较大的孩子一起来制作这份清单，这样他们就很清楚可以从中得到什么了。对于不识字的小孩子来说，可以将相应物品的图片贴在旁边（请参阅下面的示例图）。

年幼孩子的代币制度示例表		
图片	奖品	分值
	一颗M&M巧克力豆	1
	推迟5分钟上床	5
	出去买一个冰激凌	20
	在玩具商店里买10块钱的玩具	50

它们之间的相互联系

一旦你决定了采用奖励制度并确定了想要培养的良好行为，你就可以开始创建表格了。网上有很多现成格式的表格。然而，我更喜欢根据自己的需要定制的表格。用Word或Excel甚至使用记号笔和纸来画一张表格非常容易。

我会给大家看一看我在孩子小时候曾经使用过的表格。

让我们从埃米特的表格开始。我的儿子5岁时，我们使用下面这张非文字图表。因为他当时还小，我们只着重培养了他的三种行为：打扫房间、收拾玩具和自己读一本书。我们之所以选中这些行为，是因为它们是与问题行为相反的行为。我们不再督促埃米特收拾好他的玩具，而是把精力集中在他听话的时候及时给他奖励。

在下面这张代币价值表中，我们向埃米特详细解释了每颗星星可以赚取的奖励（我去买了许多小星星贴纸）。埃米特很想要得到奖品，他会自己跑去将他的星星贴到表上。

埃米特的代币制度样表						
	星期一	星期二	星期三	星期四	星期五	星期六	星期天
打扫房间							
收拾玩具							
自己读一本书							

我女儿凯西当时9岁，她已经识字了，所以她的表格看起来有点不同（见下表）。她的表格上的行为与她不好的行为直接相关。凯西喜欢糖果、书籍和烹饪，所以，在她的代币制奖品中也包括了这些内容。

说明：

得到5分，可以在上床之前多玩5分钟

得到10分，可以得到一份零食或点心

得到20分，可以出去买一个冰激凌

得到35分，可以去厨房做些爱吃的东西

得到50分，可以去Barnes & Noble买一个玩具或者一本书

凯西的奖励表							
	星期一	星期二	星期三	星期四	星期五	星期六	星期天
整理书本							
洗澡时不磨磨蹭蹭							
使用礼貌用语							
试着吃一种新的食物							
练琴							
帮忙摆餐桌							

小贴士

■ 表上的行为必须是可观察的和可量化的。

■ 奖励或认可必须立即执行且持续进行。

■ 同时对三个行为开始执行奖励措施：一个简单的任务，一个偶尔出现的任务，一个需要努力才能做到的任务。

■ 把困难的任务细化成更小的、更容易执行的行为。

■ 根据孩子的年龄选择适当的奖励，并确保它们对孩子有意义。

■ 不要试图改善每一个不好的行为或糟糕的时刻，先从那些最差的开始。

■ 任何情况下都不能夺走孩子已经获得的奖励。

■ 孩子越小越应该给予更加迅速的奖励。

■ 尽量简化任务，尤其是在刚开始的时候。

■ 对于一个需要花时间才能赚取的奖励，尽量掌握进展的情况。

■ 当一个孩子已经在一项任务上表现出内在动机时，不要使用外在奖励。

■ 当孩子逐渐能使行为与任务保持一致时，取消奖励。

■ 自己设置一个合适的奖品。不要一开始就给予孩子一个巨大的奖励，应该一步步加大奖励力度。

如何奖励

明确你喜欢什么行为。

使用一种兴奋的声音。

保持真实。

在期望的行为之后立即施行奖励。

Chapter 10

要求孩子承担后果

"行为的后果决定了它是否会再次发生。"

——B.F.斯金纳

后果是某种行动得到的结果。正如我们在第二章中讨论的 A-B-C 模型（先决条件—行为—后果）中提到的那样，如果孩子行为的后果为其带来了好处，这种行为会一再发生。"忽视它"通过消除行为带来的好处，使其减弱或消失。因此，家长虽然看起来什么也没做，却能够抑制孩子们不好的行为。

此外，要求孩子承担后果也可以阻止行为的再次发生。如果你害怕可能发生的后果，就不会去做那些不被允许的事。例如，人们犯了法就会被送进监狱，这是为了警示其他人，某些行为（贩卖毒品、非法持枪、非法闯入、盗窃等）是错误的，它们会带来不好的后果；如考试作弊被抓住就不可能通过考试；工作迟到会让你被扣工资——清晰的后果传达出一个明确的信息——不要去做那些不值得的事。

如果我是一名奥运选手，我会很害怕服用违禁药物，哪怕它们只是稍有嫌疑。试想一下，运动员们花费了毕生精力进行训练，就是为了参加每四年才有一次的比赛，但只是因为服用了这些药物而被认为在比赛中作弊……国际奥委会（IOC）制定了严格的药检政策，整个体育界都以它为基准。该政策中规定：所有比赛项目获得前五名的运动员都必须接受检测，其他人则需要接受抽样检测。运动员会在比赛之前或之后接受测试，而且可能被要求反复接受测试。检测程序也越来越先进，采集的血液和尿样可以储存八年。此外，如今的检测水平相当之高，甚至可以检测六个月之前的药物使用情况。

运动员的检测结果一旦呈阳性，后果将非常严重，最轻的后果只是剥夺其奖牌，而最糟糕的后果是他（或她）将面临终身禁赛的耻辱。国际奥委会对运动员的行为提出了明确的要求，并且清晰地告知了他们违规之后将会面临的可怕的惩罚。在欺骗行为可能出现之前，明确地告知该行为将会面临的后果，可以有效地防止许多不良行为的发生（比如使用兴奋剂）。

试想一下，如果这些政策不存在，估计很多运动员都会企图在比赛中作弊，奥运会的比赛结果将毫无意义。

与国际奥委会不同，家长们常常忘记曾向孩子们明确告知的要求，而且在不良行为发生之后，他们也没有让孩子承担相应的后果。如果执行得当，要求孩子承担后果可以帮助他们消除不好的行为。"忽视它"帮助父母们消除了不良行为，而要求孩子承担后果，则是在无法忽视孩子某些不良行为的情况下采取的一种改善性辅助措施。

我们曾在第三章中讨论了孩子身上不能忽视的一些行为。在这里，我们再度向大家重申这些行为：父母不能忽视偷盗金钱、食物或父母的信用卡等行为；不能忽视孩子故意违反规则，比如在规定时间或在晚上偷偷使用手机等；还有那些危险的行为，比如无证驾驶或者没有经过必要的培训擅自操作机器等。

最后，我们还必须关注孩子的违法行为（酗酒、吸烟、故意破坏等）。对于以上所有的行为，父母都应该要求孩子对后果承担责任。

还有一类不应该被忽视的行为，我们在第三章中没有讨论。比如：妈妈让孩子将碗盘从洗碗机里拿出来，他一动不动；爸爸让他可爱的女儿关掉电视，她根本不听；该出发去学校了，但妈妈叫了两遍之后小吉米还是没有穿好鞋……

父母不应忽视孩子不理会他们要求的行为。这时，父母需要让孩子对他们的行为承担后果。"忽视它"只是要求父母忽视孩子们不适当的或寻求注意的行为，而故意不服从则不属于这一类行为。

有些家长可能会担心，他们对孩子们采用"忽视它"会不会教孩子反过来也对父母的要求不理不睬呢？为什么父母可以不理会孩子们的讨价还价，而孩子们却不能忽视父母那些讨厌的要求呢？

因为父母和孩子是不平等的。家庭不是民主政党，父母在家庭中拥有着跟孩子不同的特权。家长可以想吃什么就吃什么，想喝什么就喝什么，但孩子不能；父母晚上可以熬夜，但孩子不能。此外，父母不理会的是孩子不好的以及寻求关注的行为。如果孩子们反过来对父母也这么做也未尝不可。这样做有可能改善亲子关系。

因此，我要求父母尊重青少年提出的规则，比如尊重孩子们的隐私。我希望孩子们也尊重父母的规定和期望。

父母容易犯的错误及其后果

在对后果的管理方面父母容易犯以下三个错误：

■ **没有让孩子承担他们应该承担的后果。**

■ **过于频繁地让他们承担后果。**

■ **让孩子承担的后果太重或者太轻。**

在让孩子承担行为的后果时，如果犯了以上这些错误，将令父母的努力大打折扣。

养育孩子的主要责任就是给予他们所需要的爱、圆满的家庭以及满足他们的基本需要。当我还是孩子的时候，如果我将长笛忘在了家里，没有人会在乐队排练之前为我送去学校（即使在我随时都可以打电话给我妈妈的情况下）；如果我考试中成绩不理想，我的父母也不会去跟老师讨论这个问题。事实上，他们可能根本就不知道。

时代不同了，现在的孩子们常常渴望家长不要过多地管束他们。

现在的教育理念也变了。现在的父母总是尽力防止孩子面对挫折，但结果却让孩子面临着更大的挫折。为人父母的本能就是保护自己的孩子，他们总是不断地插手孩子的事，以帮助孩子避免失败——他们其实犯了一个严重的错误——孩子必须从他们的经验中吸取教训，当父母一再为他们免除各种麻烦时，会让孩子们今后难以面对残酷的现实世界。

如果不让孩子承担不良行为的后果，相当于放纵这些行为一再发生。如果一个十来岁的孩子晚上偷偷从他的卧室窗户溜出去而没有受到任何惩罚，那么，他可能认为这样做没什么不对；如果一个被告知不能再吃饼干的孩子还是偷偷拿饼干吃，而家长对此不闻不问，那么，她一定会想："管它什么规矩呢。这是我的世界，我想要一块巧克力饼干，就可以去吃。谁能阻止我？"

然而，有些父母让孩子承担的后果过于严厉。他们往往是非常威严的家长，期望孩子对他们绝对服从。他们这样做反而会让孩子身上出现许多不良行为（这可能由孩子在发育过程中存在的问题引起，也可能由本书中所讨论的那些对不良行为的强化所引起）。最后，父母剥夺了孩子所有的权利，孩子们感觉自己已经没有什么可失去的了——到那时就真的没办法管教一个对什么都无所谓的孩子了。

对于一个十几岁的孩子，一下子把他的手机、电脑和游戏机全都没收了，孩子可能会失去改善行为的动力。这是过于频繁或过于严厉地让孩子承担后果的危害。同时，经常惩罚孩子的父母在孩子表现好的时候又常常忘记奖励他们——这便带来了双重危害。

父母犯的最后一个错误是，让孩子承担的后果对孩子而言根本没有任何意义。如果父母没收的东西对孩子而言没有任何价值，那么，这么做对他们就不会有任何影响。例如，路易丝是一个小女孩。她以前很喜欢贴纸，那些贴纸曾经是她最珍贵的财产，但她的这个爱好只持续了六个月。贴纸？不就是贴纸么？它们现在对她而言完全没有任何意义。拿走它们好了，她根本无所谓。

她现在喜欢的是神奇宝贝。有一天，路易丝玩完玩具以后没有把它们收拾好。她的父母决定没收她的贴纸书。他们甚至为此做了特殊的沟通工作——他们跟路易丝坐在一起，向她解释了她做错了什么。

"正因为如此,"爸爸说,"我们决定……没收你的贴纸书!"好吧。路易丝此时几乎不能抑制脸上的微笑。她再也不想打开这玩意儿了——这样的惩罚对她以后的行为将不会产生任何影响。

让孩子承担后果最主要的目的是立即消除孩子的不良行为,而第二个重要的(而且更重要的)目的是让孩子记住这个后果,这样他们就不会再犯同样的错误了。

父母适当地对孩子不好的行为进行惩罚,能够获得最大的成效。

自然后果以及"忽视它"

在父母的安排之外发生的行为结果,被称为自然后果。孩子们会从这些不愉快的经历中吸取教训,我们成年人其实也一样。

你是否曾经无意中直接用手去拿过炉子上滚烫的锅子? 如果你曾经有过这样的经历,很可能会带来两种结果:1.你烫伤了手;2.从那以后你就知道——再碰很烫的东西的时候要戴上隔热手套。你从一次不愉快的经历中得到了一个重要的教训。

我当然不是建议你放任孩子被烫伤,但是,我们应该让他们知道,某些行动带来的后果可能会很严重。

如果你从来没有从自行车上摔下来过,你就不会知道如何在自行车上保持身体平衡;如果你从来没有因为鞋带开了而摔过跤,你就不会发现绑紧鞋带的重要性。这些痛苦的、不舒服的但必要的教训,帮助孩子下次在同样的情况下不再犯同样的错误——没有什么比自然后果更能有效地改善孩子的行为了。

以下是一些典型的孩子承受自然后果的例子：

■ 孩子把家庭作业忘在了家里，他当天的作业得了零分；

■ 一个十几岁的孩子冬天出门时不穿外套。太阳落山后，他冻得
全身冰凉；

■ 一个上中学的孩子在未经父母许可的情况下去把头发染成蓝色，
但最后她的头发变成海藻的颜色。她讨厌这个颜色。现在同学
们都叫她"乌贼女"，导致她回家后躲在被窝里哭；

■ 孩子不肯吃晚餐，因为她讨厌吃肉酱面。不过，她这是瞎说，
她一生中已经吃过 422 次这种肉酱面了。不过没关系，那就不要
吃晚餐好了，妈妈说她到明天早上为止都不会再做东西吃了。
孩子只好饿着肚子上床睡觉，晚上肚子饿得咕咕直叫。

这些自然后果是痛苦的、不愉快的，它们无疑会影响孩子之后的选择。

但问题是父母往往喜欢插手孩子的一切，让孩子们失去体验这些
不愉快经历的机会。父母们往往急于为孩子遮风挡雨，他们还为此感
到自豪。

我很明白父母们的这种感受。我们都渴望教育好我们的孩子，却
没有意识到我们剥夺了孩子宝贵的成长和学习的机会。我们要放手让
孩子跌倒、擦伤、割伤和失败。这些并不好玩，但却很重要。

最糟糕的是，父母所做的实际上是在强化他们想要消除的孩子身
上的问题。而且我们也知道，受到强化的行为肯定会继续下去。

当你发现你的儿子将午餐、书本、家庭作业或其他东西落在了车

上，请你立刻掉头离开。你的儿子将在你不在的情况下学会如何解决他们的问题。

为了让父母不要干扰孩子面对自然后果的机会，阿肯色州小石城天主教男子在高中学校门前贴了这块告示。上面写着：

STOP

当你发现你的儿子将午餐、书本、家庭作业或其他东西落在了车上，请你立刻掉头离开。你的儿子将在你不在的情况下学会如何解决他们的问题。

学校的这个做法是让孩子们通过感受自己的错误来体验所谓的"艰难的生活"。换言之，自然后果可以教会孩子对自己的工作和物品负起责任。

下面是我提到过的那些案例——在不让孩子承担自然后果时会带来的结果：

■ 孩子把家庭作业忘在了家里，他打电话叫妈妈在第七节课之前把它们送到学校。妈妈急急忙忙赶到学校，孩子按时交了作业。

■ 一个十几岁的孩子冬天不穿外套就出门了。天气变得很冷的时候，他打电话回家，问他的保姆是否可以将他的外套送到他的朋友家里。嗯，她当然可以。这个孩子因此不会因为出门时没穿外套而觉得冷。

■ 一个上中学的孩子，在未经父母许可的情况下去把头发染成蓝色，但最后她的头发变成海藻的颜色。她讨厌这个颜色，她向父母哭诉。他们非常着急，赶紧把她送到最近的发廊去重新染发，并且为此付了60美元。星期一上学时女孩担心的所有问题都解决了。

■ 一个孩子拒绝吃晚餐，因为她不喜欢肉酱面（尽管她已经吃过422次了）。她决定不吃饭了。但当她饿得哼哼唧唧的时候，她的爸爸妈妈不忍心，还是决定给她吃一些小零食。这个孩子吃了一个苹果和一块乳酪，她吃饱以后就上床睡觉了，而不必吃她的肉酱面。

父母急急忙忙地将孩子落在家里的作业送去学校，会让孩子觉得他的这个失误不会带来什么严重的后果。他应该要留意自己的作业本放在了什么地方吗？不，为什么呢？妈妈知道在哪里就行了。

你认为那个拒绝吃晚饭的女孩明白了错过一顿饭会带来的后果吗？不。相反，她从此知道了吃饭只是一种选择。她可以不吃那些她不太喜欢的食物，并且期待着接下来的"送餐服务"。

这些都不是父母想要向孩子传达的信息。他们希望孩子们有责任感、按时吃饭、听话，但是这么做显然不可能达到目的。**孩子们需要学会从自己的错误中吸取教训。我们不应该过度保护孩子，使其不受任何现实生活的影响。**

有一天，他们终将自己面对真实世界。他们必须准时出席一个重要的会议，所有的重要文件都必须提前准备妥当。除非你打算一辈子当孩子24小时的贴身保姆，不然你就应该从现在开始让他们知道这样做的危害。

孩子们不相信大人什么都懂。他们常常觉得自己比大人懂得更多。他们总是觉得父母什么都不知道。最近当我试图告诉我12岁的女儿，如果她不梳头发会怎样时，她一笑置之，不以为然。

一个星期之后，理发师告诉她，因为她的头发打结太严重，不得不剪掉一大截。我曾经告诉过她会发生这样的事，但她不听，因为她觉得我是一个无知的大人，什么都不懂。但我可以告诉你，在失去了一大截头发之后，她得到的自然后果（一种行为带来的自然而然的结果）让她现在不需要我一再叮嘱也非常愿意好好梳头——她开始打心眼里接受我所有的建议。

父母让孩子自己面对他们的错误所带来的结果，才能让他们从中获得宝贵的经验教训。在这个过程中，最困难的部分是别让孩子们有机会对你说："哦，少废话"——你必须抵挡住所有想要阻止他们承担后果的冲动。

通过使用"忽视它"，父母可以学会忍受孩子的哀求、抱怨和讨价还价。你应该对他说："不，我不会因为你错过了校车就开车送你上学。你只能自己走着去上学。"或者，当你的孩子认为你是镇上最吝啬的父母，因为你在他不好好吃饭时拒绝给他们提供另一种选择时，请坚持不懈地"忽视它"！

父母这样做可以一举两得。他们不会强化自然导致的后果（头发被剪掉）和行为（不梳头）。此外，他们也不会强化那些寻求注意力的行为（抱怨、争论等）。

案例	不应该做的	自然后果
篮球训练时捣蛋	与教练协商解决	教练禁止孩子参加比赛
不整理玩具	帮助孩子整理好玩具	玩具被弟弟妹妹弄得乱七八糟或者被狗狗咬坏
忘记给手机充电	帮孩子把手机充上电	第二天手机不能使用
考试成绩不理想	打电话给老师要求给孩子加分	孩子没有评上优等生或不能被分配在高等级的班级
正餐时不好好吃饭	给他另做食物或让他吃些零食	饥肠辘辘
考级之前找不到跆拳道服	帮他到处找	不能通过考级或者等到下周再考
忘记带上体育课时穿的运动服	把运动服给孩子送去学校	孩子不能参加体育课，被罚在操场捡垃圾，因此感到很羞愧
穿着不合适的衣服	在车上给孩子备一套衣服	孩子感到尴尬、太热、太冷或不舒服
脏衣服随地乱扔，不放进洗衣篮	帮孩子从地板上捡起脏衣服，拿去洗好	他最喜欢的衣服没有及时洗好，学校拍照片时没法穿
被告知不要随意玩玩具，但是不听	不停地跟他说别这么玩玩具，并且当玩具玩坏了以后再买一个新的	玩具玩坏了，没得玩
没有按时完成学校的作业	让他留在学校继续完成作业	因此作业得到了低分

案例	不应该做的	自然后果
没有收拾好游戏卡	帮他整理好	下次玩的时候有一些找不到了
把房间弄得乱七八糟	帮他整理好房间，帮他找到那些他找不到的东西	一些重要的东西找不到了或者弄坏了
游完泳以后没有将游泳包里的东西全部拿出来	帮他把东西全部拿出来洗	两天以后参加学校比赛时要穿的泳衣，到了比赛那天还是湿的
早上起来动作太慢，错过了校车	开车送孩子上学	不得不背着沉重的书包去上学，或者花自己的积蓄打的上学

以下是不能让孩子承担自然后果的三种情况：

1. 孩子不能马上感受到行为的后果时，通常会让行为和后果之间失去联系。因此孩子可能不会从中吸取到教训。

2. 当自然后果十分危险时，我们不能任由孩子面对它们。例如，我们不能让孩子自己在马路上玩耍，这样很可能会被车撞；也不能允许他们把手放在火上；等等。父母必须采取足够的预防措施，以免孩子受到危险。

3. 当孩子的行为可能让其他人受到伤害时，父母不能不管。比如，一个孩子要拿剪刀剪妹妹的头发，谁会承担这个行为的自然后果呢？当然是他的妹妹，而不是"理发师"本人。因此，父母需要用其他的方法来让男孩明白，他不能剪妹妹的头发。

在什么情况下这种方法是有效的

具有四种特性的行为后果可以让父母帮助孩子学习什么是不好的行为。

· 有逻辑性的

· 与行为关联的

· 合理的

· 有意义的

当父母不能让孩子从自然后果中吸取教训时，他们应该为孩子们的不良行为设置逻辑后果。

逻辑后果是父母对于孩子某些不好的行为设置的需要其承担的结果。它们之所以被称作逻辑后果，是因为它们并非随机设置，而是为了教育孩子才精心挑选出来的。逻辑后果可以在需要的时候代替自然后果，让孩子从某种不愉快的体验中吸取教训。

例如，如果一个孩子在明知不能玩 iPad 的时候偷偷玩，父母应该罚她第二天减少玩 iPad 的时间。对于孩子不良行为的惩罚应该跟受惩罚的原因直接相关。如果一个孩子偷偷地多吃了一个甜甜圈，父母可以在接下来的几天里罚她不准吃甜食。孩子会因此特别想念甜食，尤其是其他人都在吃的时候——这会帮助孩子记住，下次哪怕在她特别经不住甜食诱惑的情况下也不会多吃。

　　父母设置逻辑后果的关键是挑选一些使孩子能够从中吸取教训的东西。

　　逻辑后果应该与孩子的行为直接相关。父母通常对孩子实施某种一成不变的特定惩罚。有些人没收孩子的电子游戏机，另一些人限制孩子使用手机和电脑。有些家长总是罚孩子不准吃甜食，而另一些则让孩子待在自己的房间作为惩罚。这些惩罚措施都没有什么问题，但父母如果不根据具体行为而只依赖于某种特定惩罚措施，他们就仅仅是在实施惩罚，而非让孩子承担逻辑后果。

　　惩罚与要求孩子承担后果看起来差别不大，但起到的作用却有着天壤之别。前者是对孩子错误行为实施的制裁，而后者是让孩子从中得到自我反省和学习的机会。如果让孩子承担的后果与行为本身没有直接关系，父母就只是在对孩子进行惩罚。惩罚显然没有有目的地让孩子承担后果那么有效——当让孩子承担的后果与其行为相关时，能够让孩子很快地知道什么事情是不能做的。

　　惩罚：是对孩子的错误行为实施的制裁，父母要求孩子承担后果，可以让孩子从中得到自我反省和学习的机会。

　　为了使其更加有效，要求孩子承担的后果必须是合理的。所谓的"合理"，是指这个后果既不会过于严厉也不会过于宽大——它必须反映行为本身的轻重程度。如果一个孩子弄丢了妈妈最喜爱的口红，妈妈不应该禁止她一年之内不能化妆，更合理的做法是罚她一个星期不能使用妈妈的化妆品。

相反，如果一个十几岁的孩子偷偷地溜出房子，开着新车在家附近转悠，你仅仅禁止他一天之内不准开车显然是不够的。为了使后果本身更有意义，它必须让孩子感到很不舒服。同时应该保证——他们所承担后果的程度与他们行为的严重程度相匹配。

要想让孩子承担后果，这个后果对孩子来说就必须是有意义的。想象一下，一个十几岁的孩子星期一的时候准备邀请朋友星期五晚上来家里过夜，但他的房间看起来就像是爆炸现场。因此，你要求他在星期五之前必须将房间打扫干净，否则不允许他的朋友来。但星期五的时候，他突然感觉很累或者不想请朋友来玩了，因此他决定不打扫自己的房间。

当妈妈回到家的时候，看到他的房间还是一片狼藉，她说："你如果不打扫你的房间，今晚就不准请朋友来家里过夜。"男孩看起来好像很不高兴的样子，但实际上他一点儿也不。他已计划好晚上跟朋友一起玩线上游戏了。妈妈的做法显然是无效的，它对孩子来说完全没有任何意义。

惩罚孩子不准吃甜食也有类似的情况。对于像我女儿这样的孩子来说，这是非常有意义的——她酷爱甜食。但是，如果我姐姐也这样对付我的侄子，他会耸耸肩说："好啊。"因为他对甜食一点儿也不感兴趣。我姐姐需要找到一个对儿子更有意义的惩罚手段。

另一个很好的例子是：16岁的米迦勒热衷于虚拟网络游戏。他经常花好几个小时和网上的虚拟朋友一块玩。有一天，他因为沉溺于游戏忘了及时清理垃圾。妈妈和爸爸决定在下一次清理好垃圾之前不准他玩游戏。

可想而知，这个后果对米迦勒是很有意义的，而且对于他来说太重要了。这对父母来说是一个很好的做法——对孩子来说意义非凡的东西，一旦失去了，才能让他们感到分外失落。

要求孩子承担的四种典型后果			
失去某种权利	剥夺某件物品	惩罚	指定某种任务
甜点	手机	面壁思过	承担某项家务
玩某个玩具	电脑	没收零花钱	照看弟妹
玩电子游戏的时间	最喜欢的玩具	取消外出游玩	开车
玩电脑的时间	最喜欢的书	取消运动比赛	帮忙跑腿
手机APP			打扫
睡前故事			做饭
独自玩耍的时间			清理洗碗机
跟朋友一起玩的时间			

向孩子传达明确的期望

我之前说过，假如我是一名奥运选手，我会因为害怕被取消比赛资格而不去服用违禁药物。我认为，这正是因为国际奥委会对运动员们提出了明确的要求。爸爸妈妈们也应该这么做，但父母们却总是忘记告诉孩子们他们的要求。

如果孩子们不明白应该做什么，他们就会做出一些父母们不愿看到的事情，这会让父母和孩子都感到沮丧。现实的、清晰的要求能够让孩子们掌握好自己的需要，同时也让家长不用再对他们唠唠叨叨。

如果家长没有把握机会跟孩子好好沟通，让他们明白父母期望他们怎么做，那么孩子很容易犯错。只有当孩子们懂得了规则，才更容易照做。他们本来并不知道在餐馆或教堂里应该遵守哪些规矩；他们也很想知道在公园里和在医院候诊室里说话的声音大小应该有什么差别；他们可能不知道在别人新粉刷的厨房墙壁上画一艘帆船是不合适的行为……这些规矩都应该由家长向孩子说明白。

你应该在任何情况下都保证——你的孩子事先明白你对他们的要求。在进入超市之前，请花点时间提醒孩子们，不可以在里面四处乱跑，不能在回家之前打开装麦片的盒子；在餐馆外面，告诉孩子你希望他们整顿饭都好好坐在椅子上；跟带着孩子的大学朋友吃饭之前，提醒你的孩子即使她对此一点也不感兴趣，对人也要有礼貌。

向孩子传达清晰的要求时，还应该让他们知道，如果他们没有做到这些要求的话，他们将要承担的后果是什么。父母应该很清楚地告诉孩子：

1.以下是我的要求：

……

2.如果你没有达到我的要求，这是将要发生的（最好将你对他们的期望明确地写下来）。

具体做法可以是这样的：

威廉对于他14岁的儿子马尔科姆很头疼——马尔科姆总是在未经

许可的情况下拿他们的东西去用，然后又经常把这些东西弄坏或搞丢。威廉对马尔科姆说："我希望你在用我的衣服、耳机或电子产品之前先征得我的同意。如果我发现你没这么做就擅自拿它们去用的话，在接下来的一星期里都不允许你用我的任何东西。"

威廉将这个规矩写在便签纸上，将其贴在壁橱上作为对马尔科姆的提醒。这个做法非常有效——威廉先生明确地让孩子知道了他的要求，以及违反要求之后他将承担的后果。同时，马尔科姆所承担的后果也非常恰当，因为它是与其行为相关的，有逻辑性和有意义的。马尔科姆从没有一天不向父亲借东西。假设他不遵守规矩，后果将让马尔科姆非常难受。

如果孩子在明知道家长的要求的情况下还是故意违反，那么，父母就应该让他们承担事先讲明的后果，并且开始"忽视它"。

请确保你的要求在孩子的承受范围内，并且事先让孩子完全明白它们。

本 章 要 点 回 顾

在要求孩子承担后果时父母容易犯的三个主要错误是：

■ 不实施惩罚，太过频繁地实施惩罚，惩罚太重或太轻。

■ 让孩子自己承担自然后果，不需要对他们唠叨。

■ 过度给予孩子"帮助"，让他们不用承受自己的行为带来的不愉快的体验。

让孩子承担后果的有效做法是：

■ 要求他们承担的后果是合乎逻辑的，与行为相关的、合理的和对孩子有意义的。

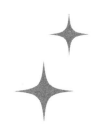

Chapter 11

预防措施

"预防为主，治疗为辅。"

——本杰明·富兰克林

　　前几天我在超市里看到一个可怕但又司空见惯的场景：一个妈妈带着她的双胞胎女儿在购物。两个小姑娘看上去大概两三岁的样子。她们俩一直在拼命闹着要买小金鱼饼干。

　　妈妈穿着运动服和印着流行运动项目的T恤。由于妈妈还没有付钱，她用平静的语气跟孩子们解释说必须等到付过钱以后才能吃。小姑娘们根本不听，她们随即尖叫了起来。她们的叫声在整个超市里回荡，当时如果安德烈·波切利（意大利男高音歌唱家）在场恐怕也自愧不如。我看到妈妈被弄得极其狼狈。她将一个孩子抱在怀里，另一个孩子坐在手推车里。两个孩子都在不停地大吵大闹。等妈妈到了收银台的时候，那个被她抱着孩子开始使劲踢她的肚子。另一个孩子也在不停地尖叫。妈妈让收银员赶快把小金鱼饼干扫好，然后马上给她们撕开饼干袋子。

　　付好钱以后，妈妈很快地带着孩子冲了出去。

　　下面我要说的是根据我自己的人生经验给出的一点建议。每个父母都不可避免地会遇到这样的状况，而这种情况出现的原因，有时是因为我们没有做好事先安排和计划。前面我说的这个示例发生的时间是在中午。对大多数幼儿来说，这个时候要么是午餐时间，要么是午睡时间。这绝对是去食品超市购物最糟糕的时间段，而且妈妈在带孩子去超市之前似乎还把她们带去了她自己的健身课。

现在，我明白问题出在什么地方了。我并不是在谴责这位妈妈。所有的家长都曾经遇到过类似的状况。抚养孩子是一件非常辛苦的工作，你需要放松，需要运动和锻炼。如果去参加健身课程的时间安排上太紧张，我完全能够理解那种疲惫和慌乱的感觉。然而，带孩子是一件现实的工作，妈妈这个早晨的安排似乎是太满了。当她带着孩子到达超市时，孩子们又累又饿。说实话，妈妈可能也是。如果她能够安排得好一些，完全可以让全家人都舒服很多。

妈妈可以事先做好安排，在去超市购物和参加健身课程之间做出选择。没错，当天的晚餐可以是简单的炒鸡蛋、意大利面或者叫一份比萨外卖。这有什么关系吗？我们并不是必须要精心准备每一餐；或者，妈妈也可以在课后去便利店随便买一些食材，第二天早上再去大型超市购物；她也可以提前计划好，在超市里给孩子们买一些花生酱、果酱三明治或切碎的蔬菜；等等。她也可以买好吃的东西以后，再给她们买一些小玩具。

我每次帮助那些筋疲力尽的家长们学习如何规划他们的日程安排，都像是一场艰苦的战斗。他们的日程表中所有事情似乎都非做不可，没有商量的余地。比如：孩子们的芭蕾课和金宝贝课程（一种早教课）；爸爸妈妈需要锻炼；奶奶想和孩子共进晚餐，但只能等到晚上

7：30学校放学。他们的日程安排总是"快、快、快"，但是父母们在做这些他们必须要做的事情时，他们大部分时间里并没有乐在其中。

"忽视它！"是一个非常有效的措施，旨在尽量减少孩子们不好的行为习惯。但有时还有其他的方法，通过事先做好计划来防止孩子们崩溃地大发脾气。本章将帮助家长做好这方面的计划。

合理安排作息时间

做好每天的时间计划是养育孩子的关键所在。比如，当我感觉很饿的时候脾气总是不太好。这个时候，我的血糖很低。如果没有吃到东西，我就不能思考、交谈或者做任何事情。我的孩子们通常也是这样，但我和孩子之间的区别是我可以对我的丈夫说："我得去吃点东西，否则我就要发脾气了。"事实上，这句话我已经说过几千遍了。我这么说的意思再清楚不过了：我要吃东西。

然而，孩子缺乏这种能力。他们不会向你发出警告，也不会提醒你。他们不会对你说："嗯，爸爸，要知道……"不，他们只会直接开始失控，而且我发现十几岁的孩子和幼儿在这方面是一样的。他们只是表现不同，但根本原因完全一致。有些人就是无法忍受饥饿。因此，父母们应该提前做好计划，确保孩子们能够在合理的时间里进餐。这样做能够帮助他们避免许多不愉快的时光。

同时，我建议父母们在车上或包里放一些健康的小零食，以备不时之需。这件事做起来并不难，但父母们却往往会忘记。有时候父母急着出门，根本没有时间来准备，或者他们准备了零食，但可能前几天就吃完了。不管出于什么原因，我们都需要为此做一些规划和安排。我建议父母们在车库门前贴一张便签条，专门提醒你临走时带好零食。就像我说的，不论大一点的小孩子还是幼儿，出门时都需要为他们准备好零食。

关于给孩子吃零食的问题，我在这里给大家一点提示。孩子们有的时候会吃太多零食或者总在不该吃零食的时候吃。研究表明，在过去的四十年中，孩子们零食摄入量越来越大。现在，通过零食摄入的热量占据了儿童日常摄入总热量的27%。很多孩子一天吃三顿饭，外加三顿零食。这是一种放任的行为，经常导致孩子在吃正餐时的各种行为问题。我观察过许多家庭，孩子们不停地吃零食，然后在正餐时间拒绝吃饭。父母因此非常生气，希望孩子们能够好好吃饭。于是，父母与孩子们在餐桌上意志力的较量随之而来。

然而，零食只是正餐的一种替代。减少孩子的零食摄入量，同时规划好他们一天之中只能够吃零食的时间，将有助于避免孩子在正餐时间里不好好吃饭的情况。另外，如果孩子因为跟父母怄气不吃午饭，过后肚子肯定会饿。父母们往往就会错误地在这时候给他们吃零食。这恰恰让孩子们感觉好好吃饭不是必需的事情。规划好一天中正餐和吃零食的时间，可以帮助父母避免出现上述的这些问题。

此外，虽然我们的生活安排应该具有一定的灵活性，但我发现绝大多数孩子都有着固定的作息规律。就是说孩子睡觉的时间也应该有一定的规律。孩子们的午饭和晚饭总是在固定的时间，午睡也应该如此。我们不应该扰乱孩子正常的午睡时间。为什么让孩子按照规定的时间作息如此重要？因为这是孩子身体发育的需要。如果孩子们的这些生理需求得不到及时的满足，他们的行为方式就会变坏。过度疲劳的孩子情绪会变得很恶劣，而长期过度疲劳的孩子会变得让人无法忍受。确保孩子们在他们的年龄得到适当的睡眠是至关重要的。但我们的生活规律常常被打乱。星期五晚上有一个社区聚会，所以孩子们睡觉晚了一点。这有什么大不了的？

然后，星期六晚上，奶奶家举办了一场周年庆祝会。孩子们再次错过了他们的睡觉时间。星期日晚上，教会组织了一个电影之夜。即便他们九点半以后才回家，孩子们还是都闹着要去参加。星期一晚上，全家人要去参加家里最大的孩子的颁奖宴会。于是，又是一个晚睡的夜晚。随着连续的熬夜，孩子们的行为变得越来越糟糕。他们的忍耐力在逐渐变弱，更容易发脾气或者打斗；他们的言语越来越不堪入耳。随着他们的情绪变得越来越坏，他们做事情也越来越磨磨蹭蹭。睡眠不足会给孩子带来很大的危害，但很难被意识到是某些不良行为的罪魁祸首。但无论如何，生活还是要继续下去。我们有时需要带孩子出去吃饭，但不要在不合适的时候强迫孩子去。我们必须给孩子足够的睡眠，如果你不这样做的话，当晚孩子将会以粗鲁的行为让你为此付出代价。对于十几岁的孩子，确保他们在别人家过夜时没有跟其他人一起睡觉，否则没有一个比像他们这样的孩子接下来几天里因为睡眠不足而脾气暴躁更让人头疼的事了。

你的宝宝需要多少睡眠？

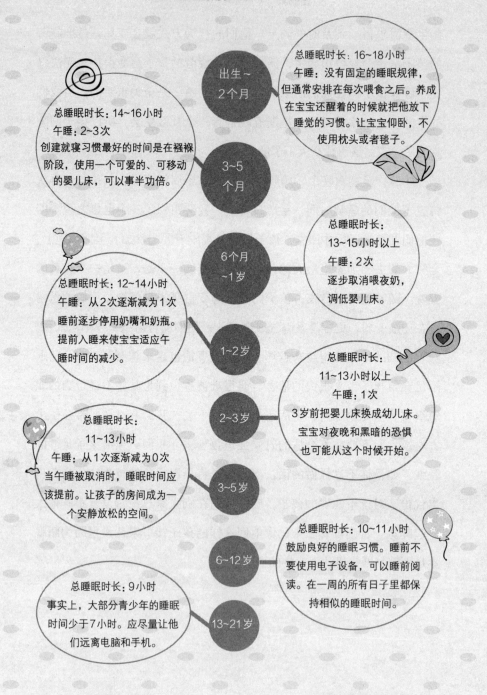

出生~2个月

总睡眠时长：16~18小时
午睡：没有固定的睡眠规律，但通常安排在每次喂食之后。养成在宝宝还醒着的时候就把他放下睡觉的习惯。让宝宝仰卧，不使用枕头或者毯子。

3~5个月

总睡眠时长：14~16小时
午睡：2~3次
创建就寝习惯最好的时间是在褴褓阶段，使用一个可爱的、可移动的婴儿床，可以事半功倍。

6个月~1岁

总睡眠时长：13~15小时以上
午睡：2次
逐步取消喂夜奶，调低婴儿床。

1~2岁

总睡眠时长：12~14小时
午睡：从2次逐渐减为1次
睡前逐步停用奶嘴和奶瓶。提前入睡来使宝宝适应午睡时间的减少。

2~3岁

总睡眠时长：11~13小时以上
午睡：1次
3岁前把婴儿床换成幼儿床。宝宝对夜晚和黑暗的恐惧也可能从这个时候开始。

3~5岁

总睡眠时长：11~13小时
午睡：从1次逐渐减为0次
当午睡被取消时，睡眠时间应该提前。让孩子的房间成为一个安静放松的空间。

6~12岁

总睡眠时长：10~11小时
鼓励良好的睡眠习惯。睡前不要使用电子设备，可以睡前阅读。在一周的所有日子里都保持相似的睡眠时间。

13~21岁

总睡眠时长：9小时
事实上，大部分青少年的睡眠时间少于7小时。应尽量让他们远离电脑和手机。

玩具袋子

我在餐馆里总是看到两种极端的情况：孩子们要么胡作非为，要么埋头玩iPad。当然，也有许多讨人喜欢的孩子，我现在说的不是这些孩子。调皮的小孩们完全无视坐在旁边的父母，他们让周围顾客的晚餐变成了一场噩梦，让那些顾客、服务员、小工和厨师们真想掐死这些"小托马斯"们。但是，如果我们在接下来的3小时里让孩子们埋头于玩iPad也是不正确的做法，虽然这样可以让他们保持沉默。

当他们忙着看阿尔文和花栗鼠时，你如何让他们学会餐桌上与人交往的正确礼仪？又如何教会他们享受美食呢？让孩子们从动画片里学会这些吗？我们带孩子们去四季酒店喝下午茶是为了让他们懂得在这种场合正确的行为举止。这不像在Panera Bread或者必胜客那样的快餐店里，孩子需要学会享受这样高品质的就餐过程。我最近在Olive Garden跟我的一位朋友共进午餐（必须承认，这里的沙拉和面包是最好的）。我惊讶地发现他们在每张桌子上都为顾客配备了iPad游戏。嘿，这是在Olive Garden！就在我的孩子们把这里当成是一个可以坐下来跟朋友面对面接触的地方时，却让他们有机会封闭在自我空间里。

这是当今的父母必须要想办法解决的一个问题。孩子们在吃饭的时候当然会乞求玩一会儿游戏。如果这时父母很饿，或者情绪不太好，他们很容易放任他们。但问题是孩子们在吃饭的时候玩iPad，他们就完全不会跟父母交谈。他们不与服务员交流，也没有了餐桌礼仪。他们完全无法在这个过程中学习到人与人交往的技能。再过几年，父母们必将面对他们十几岁的孩子在餐厅里绷着面孔，对父母和服务员看都不看上一眼的情景，更不用说与他们谈论在生活中所发生的事情了。当孩子还小的时候纠正他们的这种行为还为时不晚，一旦他们养成了这样的习惯再改起来就困难了。

现在我们来说说玩具袋子的事。我姐姐在她的孩子们还很小的时候教我使用玩具袋子来改善这种情况。这个袋子里的玩具是用来让孩子们在餐厅等待上菜，或者在一些必须等待的时候找乐子的。袋子里装的东西可以是彩色蜡笔、记号笔、任何一种纸牌游戏、小型玩具车、微型滑板、Wikki Stix[1]、磁旅行游戏以及各种小玩偶（Playmobil[2]、恐龙、小动物、迪士尼公主、波利口袋、shopkins[3]）等等。玩具袋子里的玩具最好与在家里玩的玩具不同。这样可以让孩子对此更有新鲜感，因此会更加兴奋。你也可以随着孩子们兴趣的变化不断更换里面的玩具。

我得说我热衷于为玩具袋子买玩具。尽管我女儿快13岁了，她还是时常问我："你的袋子里装的是什么？"任何能装进我的手包里的小东西都是我喜欢买的玩具。有些家庭喜欢UnO，Sushi Go！和疯狂面孔等游戏。我相信我家是Uno游戏玩得最多的家庭。这是一个老少皆宜的游戏。它不仅让全家都觉得很有趣，而且玩起来方便，还很容易携带、永远也不会过时。我们甚至有一个带防水甲板的海滩包。诸如Lakeshore Learning或Learning Express[4]、博物馆的礼品店或者像Barnes & Noble这样的书店都是为玩具袋子购买玩具的好地方。那些需要开动脑

---

[1] 海外超人气大牌玩具。

[2] 德国大牌玩具摩比世界。

[3] 澳大利亚微型购物角色扮演玩偶。

[4] Lakeshore Learning 和 Learning Express 都是美国大型益智玩具商店。

筋的、方便携带而且容易清洗的玩具都很适合。

　　除了玩具袋子之外，还有许多文字游戏可以在那些需要等待的时候让家长们带领孩子们一起消磨时间，比如Play geography、二十个问题[①]、trivia或者拼字游戏等等。以低脂糖包进行女王伊丽莎白城堡糖竞赛；或使用餐巾折叠成各种形状和动物；用餐桌上的果冻包搭建迷你堡垒；等等。重点是全家人要一起参与并乐在其中。这样做可以极大地帮助孩子改善他们的行为，让他们跟家人朋友保持良好的互动并学习与人交往的技能，使全家人从中受益。

运动和锻炼

　　有些孩子可以整天坐在家里看书、玩玩具或者画画，但有一些却非常好动。我记得我的邻居刚刚带一只小狗回家的时候（是的，我又要拿孩子和狗狗做比较了）。他们给他们的小狗取名"穆齐"，名字来自纽约大都会队中场手穆齐·威尔逊。就像所有的小狗一样，穆齐小的时候非常顽皮。它把所有的东西都咬碎并且扯得到处都是，还不停地在人身边蹭来蹭去。这是一只很可爱的狗，但也相当烦人。

　　然而有一天，我的邻居带着它跟朋友一起出去走了很久。他们走了一条又一条街道。回到家后，狗狗筋疲力尽地瘫倒在地上。那天整个下午它都在睡觉。从那天之后，我的邻居每天都带穆齐出门长距离散步。它因此变得很乖，再也不在家里捣乱了。

---

① twenty questions，译成中文为"二十个问题"，即参加游戏的一方想一件东西，另一方向其提问，要求在二十个问题中猜出这件东西。

许多孩子都像穆齐一样，他们如果不能消耗掉多余的精力就会变得难以控制自己的行为。研究表明，孩子们运动之后的思维能力、自我控制能力、记忆力和学习成绩都会得到提高。这对患没患有儿童注意力缺失症（attention deficit disorder，缩写为ADD）的儿童都同样适用。

那么，多少运动量对孩子最适宜呢？一般而言，只要二十分钟就足够了。但如果你的孩子精力特别旺盛（或者是一个患有注意力缺失症或小儿多动症的孩子），我建议你适当增加他们的活动量。有的时候父母们希望孩子放学以后赶紧回家，并且赶快完成作业，因为家庭作业总是需要耗费很多时间。但我建议家长可以适当改变一下孩子放学之后的时间安排。放学之后，让孩子在院子里或者公园里花三十分钟玩接球游戏，可以帮助孩子更加精神集中地在更短的时间内完成作业，而不需要父母过多地催促。如果孩子们整个下午都在玩美式足球，然后又踢了足球，那么再给他们增加额外的运动可能会适得其反。总之，就是为你的孩子寻找到对他最适合的运动量，让他们有机会释放天性，同时消耗掉多余的精力，但又不要让他们太累了。

夸奖和鼓励

请你想一想今天责备了孩子多少次？昨天呢？然后，请再想一想今天你夸奖孩子或者对他竖大拇指或跟他击掌了几次？很多父母总是给予孩子更多的负面关注，对孩子的责备总比亲切的话语来得多得多。但是对孩子的夸奖在改善他们的行为方面有着很大的帮助。近年来，是否需要夸奖孩子受到了很大的争议。一开始，家长们被建议要经常表扬孩子，但社会上又对此出现了许多负面的评价，声称孩子们被夸奖得太多了。

适当的做法是这样的：我们必须承认的是表扬对孩子们来说很重要。正如我们在第九章中所讨论的，夸奖是一种社会型强化。它可以让孩子们的良好行为得到正面、积极的关注。受到了强化的行为更容易反复发生。此外，夸奖孩子的一种行为可能对其他的行为也能起到较大的影响。例如一项研究表明，从小就被父母称赞懂礼貌的孩子具有更好的社交能力。

你是否曾经非常努力地工作，却没有人注意到？想象一下，你下次在工作中还会再有动力去不断超越自己吗？答案似乎是显而易见的。但同时要注意的是夸奖孩子能否取得很大的效果，很大程度上取决于你夸奖的内容和方式。

当你看到孩子们好的行为时，即使它们不在你关注的范围内也应该及时给予表扬。夸奖孩子具体的做法是，不要只说："干得不错。"你在夸奖他们什么呢？另外，要着重表扬孩子的自我改善和刻苦努力的行为。例如，夸他们漂亮或者天生的智慧（"你真聪明"之类的）不是很有用，而夸奖他们勤奋、专注、字迹工整，具有体育精神、团队精神或者爱干净都是促进他们良好行为的有效方法。记住，最好的夸奖方式是赞扬他们艰苦努力的行为，孩子经过努力得到的比轻而易举得来的更值得夸奖。

空洞的或不真诚的赞美不仅对孩子的行为起不到积极的效果，还会适得其反。孩子们根本不会在意你说的不诚实的话。家长需要找到他们值得表扬的地方。如果你在这方面有点困难也一定要坚持下去，这很重要。想想什么事情是对你的孩子来说不容易做到，但经过努力做到了的事。这就是你应该夸奖他们的地方。比如一个腼腆的孩子向一个新认识的女孩介绍了自己，这就值得表扬；一个讨厌读书的孩子在学校里完成了读书计划，也值得你对他点头称赞；一个整个星期都在练习投篮的孩子，在比赛时最后的罚球阶段投中了三分，也应当夸奖他的努力。

关于夸奖孩子，需要注意的是对孩子的夸奖要针对他所表现出的努力和能力，同时，不要拿他和别的孩子做比较。一个孩子很容易就能够做到的事并不一定值得夸赞，但孩子通过艰苦努力取得的成绩哪怕只是一个小小的进步，你也应该对他在这个过程中的努力给予特别的关注。

亲子关系

从家长那里感受到被爱和被支持的孩子更乐于倾听并更愿意以良好的举止让父母开心。与父母一起玩球、种植植物或制作姜饼屋的孩子，将把这些愉快的体验存储在他们"银行"里。这里的"银行"是指孩子与父母之间的亲子关系。当孩子与父母之间关系变得紧张，使他们发生冲突时，它可以帮助父母和孩子一起度过难关而不会对他们的感情造成严重的伤害。融洽的亲子关系可以促使孩子乐意按照父母的要求来做事情。因此，父母与孩子之间建立起积极的亲子关系，尤其是在经历了长期的压力之后，非常有利于改善孩子的行为。

如果你的孩子总是愿意跟你出去玩或者一起消磨时间，那么你可能跟他们保持着良好的关系。但是如果你跟你的某个孩子相处得不是特别融洽，那么你恐怕得为此多做一些工作。父母感觉跟一个孩子相处比另一个更加容易，或者他们更喜欢其中一个孩子，这是不太好的情况。他们这样做非但不能让那个不受喜爱的孩子行为有所改善，反而会变得更糟。

无论你感到有多么困难，都请你别让你的孩子感到他被你嫌弃或不被重视。他们恰恰是那个需要更多的爱和关注的孩子，你不应该将他们置之不理。如果你和孩子之间正发生着某些摩擦，或者相处起来不太融洽，那就请你从现在开始专门为他们留出一些时间吧。这段时间不需要很长。你可以每天花十分钟放下手机，跟他一起做一些他感兴趣的事。在这段时间里，不要对他指手画脚，企图控制他或者挑剔他。你可以强迫自己跟他一起做一些自己并不喜欢但他很感兴趣的事吗？当然可以。让你的孩子明白你愿意知道他感兴趣的究竟是什么。

我曾经有一个客户，她努力地想要跟自己性格孤僻的十几岁的孩子建立起良好的关系。她的儿子酷爱音乐。他喜欢弹电吉他，非常想去看他最喜爱的乐队的演唱会。可是妈妈讨厌吵闹的音乐和拥挤的人群。花几个小时泡在又热又吵的地方对妈妈来说一点也提不起兴趣来。后来，经过我的一番鼓励，妈妈最终同意带她的儿子去听演唱会。我建议她去的时候不要多说话、不要抱怨。她必须打消对此所有的消极想法。我同时还鼓励她保持微笑并经常点头。虽然妈妈非常痛恨那些吵闹的音乐，但她却很喜欢那个夜晚。她平生第一次看到儿子度过了生命中最美好的时光，向她展示了她此前从不知道的一面。她意识到自己之前对儿子和他的兴趣是多么的不重视。他们度过了一个非常美妙的夜晚。

妈妈从中得到的反思并不是非常容易的事。事实上，她说这是在她养育孩子的经历中最艰难的一个过程。但这个夜晚对他们母子都有着巨大的影响。

在父母们养育孩子的过程中，与孩子建立起良好的亲子关系通常被放到了满足其他基本需求的后面。但是，孩子的行为和亲子关系的好坏总是相辅相成的。所以，如果你之前对孩子没有给予足够的关注的话，一定要注意改善你和孩子之间的亲子关系。

避免匆忙

无论是大人还是孩子，在他们快要迟到了或者匆忙赶路的时候，情绪都处于很糟糕的状态。在这个时候，父母们很容易发火或者失去耐心，让孩子们不知所措；年纪大一点的孩子在这时容易丢三落四、失去条理。如果我们能够提前做好计划，避免早上急匆匆地赶着出门或者四十五分钟内争取完成家庭作业、吃好晚餐和洗好澡，那么你就可以避免许多令人（你和孩子）崩溃的情况发生。

我非常讨厌做午饭，这是我的育儿过程中最厌烦的事，这是因为我不是一个习惯早起的人。要在早上快速地准备好两份完全不同的午餐，同时还要准备早餐，对我而言简直是一种折磨。我经常忘记清洗孩子们头天带回来的午餐饭盒，或者出门前最后一分钟才想起来还有需要家长签字的单子，或者要交的款项。如果我能够在前一天晚上做好安排，无疑可以让第二天早上的这些工作做得更好。有时候我在睡觉之前就会准备好孩子们第二天要带的零食、饮料和水果；有些时候我提前做好三明治，放在冰箱里；我还试着让孩子们回家时就自己将他们的午餐饭盒拿到厨房里去，然后我们一起把它们清洗干净（当然，这项工作我现在还在不断努力之中）。

如果有需要签字的书面工作，我都尽量在前一天晚上把它们处理好。当然，我在这方面到目前为止还不算非常成功。但是，当我花时间进行了这些准备工作以后，我和孩子们清晨的叫喊以及孩子们不好的行为都大大地减少了。

对于父母而言，同样的问题也出现在一天结束的时候。每当我请客户告诉我他们和孩子之间的问题最多是在什么时候，答案多数集中在下午四点到晚上七点。如果我们能够对此做一些计划和安排，同样能够帮助我们缓解此时的压力并且改善孩子们的行为。我们可以用慢炖锅提前准备好晚餐，这样你就可以集中精力帮助孩子们完成家庭作业或者一起做一些有趣的活动。周末的时候，你可以一次性多准备一些食物，而不必在周末繁忙的时间每餐都现做；或者当你感觉没时间做饭的时候，最好提前做好饭，把它们冷冻起来，等到要吃的时候再拿出来热一热吃。

虽然我不可能在这里给出让父母们用以预防孩子不良行为的所有途径，但我已经给出我在许多家庭中总结出的一些典型措施。我建议你可以采纳这些做法，或者花些时间来寻找出对你的家庭更有效率的方法，更好地考虑孩子的睡眠和饮食需求，尽量提前做好安排和计划。这当然不可能总是能够做得很完美，但值得一试。

■ 应每天让孩子有规律地吃饭和睡觉，以避免由于疲劳和饥饿引起的行为问题。

■ 表扬是一种社会型强化，可以让孩子好的行为得到积极的关注。

■ 应该夸奖孩子依靠努力，而不是聪明取得的成绩。

■ 与孩子建立起良好的亲子关系对于改善孩子的行为至关重要。

Chapter 12

可能会遇到的阻碍以及解决方法

　　"忽视它"是一项简单的工作，不就是忽视、倾听、重新回到孩子身边、修复吗？这并不困难。事实果真如此吗？

　　这是个错误的认识。虽然这项工作看起来很简单，但做起来却并不容易。孩子们非常擅长掌控形势。他们知道怎样做可以让父母崩溃，而且从来不怕这样做。这使许多满怀信心、抱着美好愿望的父母在孩子面前丢盔卸甲。

　　当然，有时，导致父母们失败的原因也在他们自己身上，他们无意间的失误会严重妨碍行动的成效。本章将讨论父母们在实施"忽视它"时经常遇到的障碍。

没有真正忽视孩子的行为

　　忽视的真正含义是，对有意引起注意的行为不理会、不注意、不回应。

父母通常认为，他们已经对孩子采取了忽视的态度，但事实上根本没有。比如，一位父亲正在忽视女儿发脾气的行为。但当孩子对父亲尖叫"爸爸，我讨厌你"来试探他时，他怒吼道："很好！我不在乎！"然后不去理她。

另外，"忽视它"不能够采用间歇性地方式，必须始终贯穿如一，否则将无法完全消除不良行为所带来的后果，从而使其得到强化。这意味着你不能以任何方式做出回应，不能小声嘟囔，不能叹气，不能咬牙切齿。

总而言之，你不能被孩子发现你正在被他们的行为所影响，脸上不能有愤怒的表情或其他任何迹象。你的肢体语言和面部表情都应该表现出根本没有注意到他们的行为。

有一次，我观察了一位母亲对她十几岁的女儿实施"忽视它"的过程。在整个过程中，妈妈没有说一句话，她皱着眉、手一直叉着腰，但她的脚却不停地抖动着。不论是哪个年龄、哪个国家、说哪国语言的人，都很容易从她的肢体语言中看出她非常生气。这在"忽视它"时是非常忌讳的。

下面是另一个"忽视了但没有真正地忽视"的例子。

妈妈按照儿子的要求为他做了肉丸意大利面。当她把食物放到孩子面前时，他开始抗议："我不喜欢这样的肉丸！我能不能吃烤奶酪三明治？"妈妈坚决地说："不！"。但孩子不习惯她这样态度明确的回应，于是不停地用各种方式刺激她。一开始，他把食物推到一边。妈妈忽视了这种行为。后来，他开始玩起了他的食物。此刻，妈妈仍然坚持压制着想要回应的冲动，继续"忽视它"。

之后，他开始将肉丸扔给狗吃。妈妈见到后立刻冲过去对孩子说："好吧，如果你不想吃这个那就不要吃了！"说完她就怒气冲冲地走了。

妈妈忘记了——孩子一开始就不想吃肉丸，所以把它们拿走对他而言无疑是一种奖励。

另外，作为额外的奖励，她的儿子还因此成功地吸引了妈妈的注意力。

其实，她应该对孩子所有的想要引起自己注意的行为都不予理会。直到孩子不再糟蹋他的食物时，她再重新回到他身边，用平静的语气跟他解释："我知道你决定不吃肉丸，但你不能因此把厨房弄得乱七八糟。这是一条毛巾，请你把掉在地上的肉丸清理干净，然后把狗狗也擦干净。"

先发制人

有时，父母觉得他们实在没有时间和精力坚持实施"忽视它"了，他们试图强制性地制止孩子们不好的行为，但事实证明这并不是一个有效的方法——妈妈或爸爸每隔几秒钟就对孩子说："你最好别再这样了，不然就要受罚了。"

首先，父母一再威胁要惩罚他们，但他们知道（而且孩子也知道）惩罚可能永远不会来。这是一个形同虚设的威胁。如果父母真的要对孩子实施惩罚，他们只需要立刻去做，而不是威胁。

其次，在试图避免"忽视它"的过程中，父母向孩子提供了关注，实则强化了孩子的逆反行为。

进攻往往是最好的防御。你可以积极主动地进行，也可以使用第十一章中讨论的其他预防措施。然而，如果孩子身上已经出现了你试图消除的行为，并不意味着你对他们进行"忽视它"没有起到作用。事实正好相反，请你坚持"忽视它"，你会发现这些行为很快就会消失。

让我们加快速度

父母们总是非常忙碌。即使是认真尝试使用"忽视它"的人也会发现，这需要花费大量的时间和精力。他们知道自己必须坚持"忽视它"，直到孩子停止不好的行为。但有时他们的忍耐真的到达了极限，他们渴望加快整个进程，急于进入下一个阶段，但父母们往往因此犯下巨大的错误。

这里有一个例子：

米歇尔计划下午和朋友一起去公园玩。她们打算等到她最小的一个孩子醒来，然后就出门。她的两个年长的孩子——娜塔莎和玛尼，她俩在等待妹妹醒来的时候正在厨房的桌子上下棋玩。妈妈让她们现在打扫卫生，之后好出门。

可是，姐妹俩想要等一会儿再打扫。

"今天不行，我们没有时间等，"妈妈说，"请你们现在就开始打扫"。

玛尼听妈妈的话开始打扫卫生，但娜塔莎不干。她不停地发着牢骚，妈妈没有理会她。

当玛尼做完妈妈安排的工作时，宝宝醒了。妈妈给她换了尿布，准备出发。问题是，娜塔莎仍然在发脾气。妈妈静静地站着，等待娜塔莎安静下来，可她仍然在不停地吵闹。妈妈终于失去了耐心，于是她说："冷静点，娜塔莎，这样我们就可以走了。"之后，妈妈一直在跟她说，如果她不冷静下来，她们就不能离开。然后，妈妈向娜塔莎许诺，只要她不哭了就给她奖励。

实际上，妈妈没有把注意力放在其他孩子身上，而是把全部精力都花在了娜塔莎身上，再次强化了她的逆反行为。

为了让娜塔莎知道抱怨和发脾气不会让她得到想要的东西，妈妈必须消除她的那些行为所能得到的好处。但妈妈的做法恰恰为她提供了她想要的好处：娜塔莎受到了很大的关注，同时她可以因此推迟出发去公园。

所以，你一旦开始"忽视它"，就必须确保在重新回到孩子身边之前具有足够的耐心等待这一过程的结束——这是至关重要的一点。因为如果你开始"忽视它"，然后又进行干预，你只能使孩子不好的行为持续下去，并且有可能变得更糟。

孩子们可能会得到这样的信息：为了让你回应他们的行为，他们需要变得更加夸张或更加令人讨厌。不要让这种情况发生，直到行为消失为止。

请不要漏掉其中的步骤：忽视—倾听—重新返回—修复

请牢记："忽略它"的方法有四个步骤！

前三个步骤是必不可少的。他们必须按照正确的顺序完成。最后一个也是必须的，但不是所有情况都需要。还记得"我喜欢放松地阅读吗"？

　　希望这种方式能够帮助你记住所有的步骤和顺序。但由于种种原因，父母有时会错过其中的一些步骤。对于一些家长而言，"忽视"是最容易的步骤——他们已经对孩子令人讨厌的行为感到极度沮丧和疲惫，他们渴望找到另一条出路，让自己能够暂时摆脱与孩子之间艰难的关系。

　　但是，这些父母往往会忽略了重新回到孩子身边的步骤。父母以积极的态度重新回到孩子身边，不但可以帮助家长和孩子从这件事情中解脱出来，也有助于确保你和孩子之间不再心存芥蒂。

　　如果父母没有通过这种方式，让孩子感到这件事已经过去了，那么，孩子的恶劣行为重新出现的风险将增大。所以，即使你无法假装出积极的态度，也要摆出一副愉快的面孔回到孩子身边。当你努力尝试"忽视它"时，不要在这一点上有所欠缺。

　　另外，在事件发生之后，父母通常很容易记住那些被孩子弄坏（或弄乱）的东西。他们态度积极地回到孩子身边，告诉他们需要为之前的行为道歉，或清理自己发脾气时弄得一塌糊涂的烂摊子。但很多时候，父母们却忘记了——还需要弥补自己的过失。

　　父母也是人，他们也会犯错误。他们有时也会为生气时说过的话感到后悔；有些人在受到挑战时变得好斗；有些人会做出其他伤害彼此感情的事。

　　承认你在与孩子发生的较量中做错的事，将有助于你彻底走出这个事件，并修补与孩子之间的感情裂痕。

　　如果你做了残忍、轻率的或者不恰当的事情，你应该为此道歉——你可以以此为你的孩子树立榜样——无论谁犯了错都应该道歉。

请你发自内心地向你的孩子说声"对不起"。

你们步调一致吗?

养育孩子是件棘手的事。想让父母双方以一致的观念教育孩子其实非常困难。的确,我们都在不同的家庭环境中长大,教育理念会有所不同。

父母很多时候会有各自不同的教育理念,执行起来也有很大的差别。一个小时候没有得到太多关注的人,自己当家长后就会想给孩子他所拥有的一切,而他的另一半可能会觉得这样孩子会被宠坏。不同的家庭背景肯定会对父母的教育方式造成一定的影响,但这并不是唯一的原因。

事实上,对于什么是对孩子最好的教育,每个人有着不同的想法。有些父母喜欢跟孩子一起睡觉,而另一些父母却会因为孩子不在自己的房间睡觉而恼火。在有些家庭中,爸爸喜欢甜点,每天晚上都想在晚餐后跟孩子们一起吃,而妈妈却担心这会带来健康问题……

你明白了吗?调和父母的教育方式是让我和他们一起工作的一个主要的原因——许多父母的观念往往很难达成一致。

那么,即便父母的观念不同,又有什么大不了的呢?

如果孩子们从父母那里源源不断地接收混杂的信息,他们就会从中找出漏洞,从而变得更加善于掌控局面,以获得他们想要的东西。而且,如果父母就如何管教孩子不能达成一致,就很容易破坏对方所做的努力。假如爸爸正努力对上初中的孩子使用"忽视它"，但每当孩子因此变得具有攻击性时，妈妈都忍不住要教训他，那么爸爸的努力就都白费了。因为妈妈的做法正是对孩子那些不好的行为的强化。

父母不必在每一件事上都步调一致，家里有不同的声音也很好。在我们家，我的丈夫总是答应孩子的每一个要求。比如，可以在地下室搭建一个巨型堡垒；虽然时间很紧张，但上学前还是可以吃煎饼；周末晚上看电影也没问题……

而我更喜欢规划和安排好孩子们的日程。我经常说"不"："不，你们不可以熬夜两小时""不，你们不能吃第三块巧克力蛋糕，即使它们很好吃""不，你们不能拆开电脑"……

我们在这些方面的不一致还不错，这让孩子们既不会缺乏管教，也不会感到压抑。但当我们在对孩子运用"忽视它"进行积极的强化时，我们不会表现出分歧。我们总是步调一致，让孩子们看到我们处于统一战线。即便我们在教育子女方面有分歧，也会私下就这件事进行讨论，并设法达成一致。

父母如果不能在这个问题上达成共识，将会对他们自己造成某种伤害。

是的，不是每个人都拥有一段幸福的婚姻和一个愿意合作的伙伴。假如离婚之后的两个人还想就教育子女的问题协同作战，将会是一项巨大的挑战。

但你们最好在一些行为上能够步调一致地实施"忽视它"，以提高它的使用效果。要明白，成功地消除孩子们的不良行为，对所有的家庭成员都有好处。

应该如何对待与不良行为相对应的那些好的行为？

"忽视它"让我们能够大大减少孩子身上不好的行为。但当它与对孩子的良好行为进行正强化相结合时，这种方法更为有效。对于喜欢哀求和讨价还价的孩子，应该按照以下方法给予奖励：

当喜欢乱扔东西的孩子将衣服整理好时，应该对他们进行鼓励；

对于喜欢抱怨的孩子，当他们好好地提出请求时，应该进行奖励；

对于说话粗鲁的孩子，当他们用礼貌用语说话时也应该奖励他们。

间歇性强化

假如你非常好地忽视了孩子的讨价还价和不停地抱怨，以及他们所有的坏脾气。你的孩子去奶奶家吃晚餐时不再表现冷淡或大发雷霆——那么，你做得很好！

但当你的身体不适、疲倦了或心烦意乱的时候，比如，当你在超市结账时，尽管孩子要买糖果和玩具的行为因为"忽视它"而大大减少了，但他们还是决定试探一下你的决心。于是他问你："我可以要这包口香糖吗？"你说："不，你不能买口香糖。"然后孩子不停地哀求，在你决心不够的时刻，你屈服了——你这是在对孩子的行为进行间歇强化。

你即便忽视了孩子大多数的不良行为，但哪怕只是偶尔对它们进行了强化，也会促使这些行为不断重复。

没有被前后一致地执行"忽视它"的行为将难以彻底灭绝。这种不一致性可能由于一个家长在实施"忽视它"时，另一方强化了这些行为；也可能是因为父母在实施"忽视它"的时候偶尔忘记了原则。

所以，如果你所期望的成果没能出现，请检查一下，是否你自己或其他人间歇性地强化了孩子错误的行为。

我再次声明："忽视它"看上去简单，但执行起来却并不简单。

孩子们很聪明，父母也并不总能事事如意——生活时常让我们感觉受阻。如果"忽视它"不能按计划进行，试着去评估你可能出错的地方。重新阅读前面的章节，并再次尝试更好地理解整个过程。

有时候，差之分毫可能谬之千里。坚持下去，直到你所期望的目标达成。

本 章 要 点 回 顾

使用"忽视它"时最容易出现下列几种错误：

■ 没有真正忽视孩子的行为，试图避免不好的行为，过早地重新回到孩子身边，以及家长没有达成一致的教育观念。

■ 如果孩子的不良行为没有得到前后一致的对待，它很可能因为被间歇性强化从而对"忽视它"的实施效果造成阻碍。

■ 对于良好的行为给予及时的关注，或者给孩子提供奖励。否则这些行为会因为没有得到强化而消失。

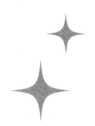

Chapter 13

评估标准

本章是可选章节。

我认为这一点很重要，所以再次声明：本章是可选章节。

我知道，我在一开头就这样说非常奇怪，请允许我解释一下。

一些读者可能已经看到了使用"忽视它"之后孩子身上明显的变化。他们发现，孩子的行为得到了改善，而且和孩子在一起的时光也变得越来越愉快。他们现在已经能够控制和减少孩子们日常的行为问题了。

对这些父母而言，可能就不需要（也不想）再通过图表来对这一方法的有效性进行评估了。生活对他们而言已经足够美好了。

所以，对于这些家长来说，本章是可选章节。

但不可能所有家长都是如此。如果你像我一样，你一定会希望通过数据来说明某种方法是否有效。

我很难轻信别人的话。没有调查研究，我就会迷失方向。我需要通过科学的证据来证明某种药物是否能够治愈疾病，或者某种手段是否可以改善孩子的行为。作为一名家庭育儿导师，我当然也不应该浪费客户的时间和金钱，让他们采取那些不能确定是否有帮助的措施。

当然，不是每种育儿方式都对所有人管用。这没关系，但我需要基于科学的研究来确认我正在从事的事情是否对家长们有益。

在向朋友或邻居推荐"忽视它"之前，许多家长理所当然地想知道它是否真的有效。假设，对于一个多年来一直擅长讨价还价的孩子，父母开始"忽视它"以后，他不再跟父母讨价还价了。父母或许可以说这个方法很管用，但是，他们怎么知道在孩子身上发生的变化是由于"忽视它"引起的呢？

或许，是其他的环境改变使其行为得到了改善呢？又或者，假如在"忽视它"的同时，他们在饮食和运动方面也进行了一些改变和调整呢？在这种情况下，不可能确定孩子行为的改进是不是因为"忽视它"引起的。然而，经过仔细的评估，我们可以准确地确定帮助孩子改善行为的原因是什么。

另一个需要对"忽视它"进行评估的重要原因是：假如，你的孩子以前一天至少发10次脾气，当它变成6次的时候，你可能不会有所察觉。你可能还是觉得你的孩子总在发脾气，但是，小小的进步也是进步。

跟踪记录孩子的行为，可以帮助父母判断"忽视它"是否真的有效。当孩子的行为曾经持续了很长时间，或者受到过间歇性强化，那么，这个过程需要更长的时间。

对这些父母而言，让他们看到孩子不良行为的改善，会让他们有足够的信心继续完成这项计划。最糟糕的情况是，虽然孩子的行为已经得到了改善，但是因为变化比较缓慢，导致家长放弃了这项计划。

我对此总是感到很遗憾。父母已经如此接近成功了，但由于看不到显著的变化就半途而废了。孩子们的行为因此又开始变糟，父母再度感到灰心沮丧。这时，对效果的评估同样可以帮助你解决这个问题。

评估还在另一方面对我们有很大的帮助。有的父母会告诉我，他们的孩子有时很讨人喜欢、非常听话，但有的时候表现得就像一场噩梦——他们发脾气、叫喊，非常讨厌。在几周之内对孩子们的行为绘制出相应的图表，有助于了解他们行为变化的规律。

通常，孩子（大人也一样）在家里和学校之间的过渡期都会有一些心理障碍。这意味着他们在星期日晚上和星期一往往会变得急躁、易怒。在另外一些家庭中，孩子们在一天的大部分时间里都很好，但是一到下午晚些时候，孩子们就容易闹脾气。所以，父母知道孩子们什么时候可能会发生不良的行为问题，会对管教孩子有很大的帮助。

使用"忽视它"之前对孩子的行为进行跟踪记录

我们通常将实施某项干预措施之前的评估数据称作基准数据。

使用基准数据的目的是，在尝试某种干预措施之前，我们可以更好地确定需要改善的问题。简言之，基准数据有助于建立一个起点。

医生用X光结果的基准数据对比来判断疾病的进展情况；研究人员使用基准数据来确定干预措施是否有效。对基准数据的分析可能相当复杂，但也不一定需要对它做复杂的分析。即便没有足够的专业知识或额外培训，也可以从中看到行为发展的趋势。

我们现在会使用各种各样的应用程序跟踪、记录我们的日常生活。

减肥人士追踪每天的食物摄入量；运动爱好者记录他们每天行走的步数；病人记录睡眠情况、每天上厕所的次数、喝了多少杯水；女性每月记录她们的月经周期和排卵周期。从这些数据中可以收集到许多有用的信息，它们甚至可以改变我们的生活习惯。

即使不采取任何干预措施，单单是绘制图表的行为也被认为是非常有用的手段。下面，我将给出几个例子来说明，在使用"忽视它"之前跟踪记录孩子的行为将会有怎样的帮助。

评估：对一项干预措施的测量。

基准数据：干预措施实施之前的测量数据。

16岁的乔希是一个有着独特行为模式的男孩。乔希的父母离婚了，他的周末时光必须轮流跟母亲玛丽亚和父亲斯坦一起度过。玛丽亚抱怨乔希总是对她叫喊或辱骂，她感觉无论跟他谈任何事情都是一件非常痛苦的事。后来，妈妈在连续两周的时间里对乔希的行为进行了跟踪记录。

从图表中，我们很快发现了他的行为规律。这让妈妈目瞪口呆，同时激动不已。她很高兴地发现，其实乔希并没有经常对她大喊大叫。

总的来说，除了星期三之外（我稍后会对此进行专门分析），他平日里表现得都很好。这个确切的信息让她掌握了与儿子有效沟通的时机，这使玛丽亚热泪盈眶。她一直觉得自己像个失败者，害怕自己在儿子的教育上彻底地失败了。但数据并没有撒谎——其实在大多数的时间里，母子俩相处得还算融洽。

玛丽亚惊讶地发现，乔希的坏脾气总是在星期天、星期一和星期三爆发。这很容易理解，乔希的这些行为多发生在与父亲一起度过周末之后、重新回到妈妈身边的时候。这是一种普遍现象。

另外，乔希周三的日程安排得很满。他下午3:45放学回家，4点开始上家教课。补习完后，他很快地吃一些东西垫垫饥，然后又要急着赶去参加水球训练。他的训练从5:30直到7点。训练结束时，他已经饿极了。回到家里，玛丽亚吃晚餐时，乔希开始写作业。晚上剩下的时间乔希用来吃饭、洗澡、完成作业和准备睡觉。在这些数不清的任务中，总是穿插着玛丽亚和乔希令人难以置信的叫喊声。

即使不使用"忽视它"，通过记录乔希的行为问题发生的时间和日期也可以帮助玛丽亚改善它。她意识到，自己需要更好地安排乔希的日程。星期三可能对于辅导老师来说更方便一些，但对乔希却不是一个好日子。她决定取消水球训练之前的辅导课，给他留出一段休息的时间。

她还提前为乔希做好了晚餐，这样，乔希训练回来的时候就可以吃了。另外，她还经常给他准备一些充饥的小零食。

对于乔希身上剩余的其他问题，虽然她无法让乔希从父亲家回来时的情绪变得更平和，但她更加理解乔希在两个家庭之间来回切换时不适应的感受了。

在使用了"忽视它"之后的几周里，玛丽亚继续跟踪记录着乔希的行为。

　　玛丽亚对我说，她与乔希相处得明显融洽了很多。并且，由于她不理会乔希的坏脾气，这使得他发脾气时也变得没那么容易失控了。

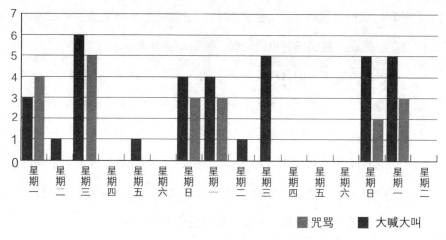

乔希大喊大叫和咒骂的行为表

　　康纳的父母与我联系说，他们3岁的儿子经常发脾气。虽然他们知道，发脾气是在他这个年龄段的孩子常见的问题，但康纳真是太容易动怒了。

　　康纳是家里三个孩子中最小的一个。他9岁和12岁的两个哥哥都是狂热的体育运动爱好者，他们热衷于棒球和足球。康纳爱跟着他们玩，假装他们能做到的事他自己也能做。然而，他太小了。显然，他怎么努力也达不到他们的水准，这使得小家伙不断地感到挫败。

　　康纳的父母跟踪记录了小儿子一周里发脾气的行为。他们使用了一张表格，将他每次脾气的行为都记录下来（我推荐使用这种表格是因为它更容易追踪孩子的行为，并且更容易让我们直观地看到变化趋势）。

结果很有启发性。康纳发脾气的时间集中在中午和下午2点，以及睡前的几小时。他在周末特别爱发脾气（星期六下午3点和星期天下午4点）。

经过仔细分析后，康纳的父母找出了他周末总是爱发脾气的原因。他的哥哥们周末的两天里通常要参加两场比赛。因为他们不在同一支球队，这意味着父母必须分别带着一个孩子去参加各自的比赛。因此，康纳的周末都在两个球场中度过，导致他无法好好地睡个午觉，也没有时间根据自己的需要来安排活动。他经常不能准点吃饭，甚至等到一天结束了才能吃上饭。

为了改善这样的情况，康纳的父母在使用"忽视它"之前先让他9岁的哥哥放弃了一场周末的比赛。他们还努力地协调两个哥哥的运动日程安排。虽然他们喜欢每一场比赛，但父母意识到，总是将康纳的需求排在最后考虑对他是不公平的（也不利于他的健康）。

妈妈和爸爸真的很想参加哥哥们所有的比赛，但在不适合带着康纳一起参加时，他们就会为他请一位保姆。这些小小的改变让康纳在周末发脾气的次数明显下降。妈妈和爸爸则将注意力放在使用"忽视它"调整他真正需要改善的行为上。

康纳发脾气记录表						
康纳发脾气的记录	8：00~10：00	10：00~12：00	12：00~14：00	14：00~16：00	16：00~18：00	18：00~20：00
星期一		I	I			II
星期二						I
星期三			II			
星期四			IIII			
星期五						IIII
星期六		II	IIII	II	II	IIIII
星期日	I	II	IIII	III	III	II

对"忽视它"及奖励制度的效果进行评估

到目前为止，我们讨论的都是在执行"忽视它"之前如何观察和记录孩子的行为习惯。我们也知道了利用基准数据可以帮助父母解决孩子的日程安排、饮食乃至亲子关系中的一些问题。但在执行了"忽视它"之后，我们还需要对孩子的行为做许多的追踪工作，以评估其效果。

艾莉森习惯了她的生活方式。大部分时间里，父母对她提出任何要求，她都会发脾气，父母随之便放弃了对她的要求。如果反过来父母一旦没有满足她的要求，她也会大发雷霆。她五天的基准数据显示，艾莉森通常每天发3~4次脾气。

从第六天开始，艾莉森的父母对她每次发脾气都实施了"忽视它"。同时他们也开始对艾莉森礼貌的言行、整理自己的房间和坐下来好好吃饭这些行为使用了奖励制度。这些都是艾莉森以前总是爱发脾气的地方。

在对她采取了"忽视它"和奖励制度后不久，艾莉森就出现了灭绝性爆发。在第九天时，她一天之内发了6次脾气。但她的父母一直坚持"忽视它"。随着对她奖励次数的增加，她发脾气的次数明显减少。艾莉森很喜欢奖励表，这让她可以攒下积分换取逛书店的奖励，那是她最喜欢的地方。在第一周结束时，她差不多已经攒下了足够的星星来买她喜欢的作家南茜的书了。

因为艾莉森的父母同时实施了"忽视它"和奖励制度，因此很难确切地知道起作用的究竟是"忽视它"还是奖励制度，或者是两者共同的作用。但这对艾莉森的父母并不重要。他们的女儿现在更加快乐了，发脾气的次数更少了，他们也更加享受和女儿在一起的时光了。

研究人员经常将各项干预措施分阶段实施，以确定各项措施分别导致了哪些变化。但我不建议大家在使用"忽视它"的时候也这么做。因为研究表明：当"忽视它"或者类似的干预措施与适当的行为强化相结合时，干预效果更加明显——正如艾莉森的父母做的那样。

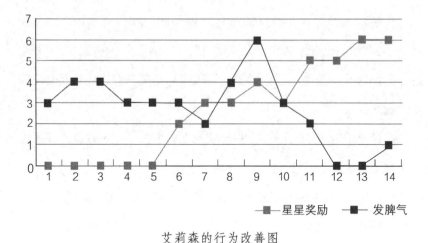

艾莉森的行为改善图

在同一张表格中标出多种行为

我们可以同时对许多不良行为进行跟踪记录，但我建议最好每次限制在2~3种行为内。因为跟踪孩子的行为需要时间和精力，同时对太多的行为进行跟踪会分散太多的注意力，而使其变得不太清晰。父母可以先对其中的几种行为进行处理，当这些行为有了改善之后再处理其他的行为。

下面是针对孩子发脾气、叫喊和辱骂的行为进行跟踪的示例图。家长们在使用这张表时可以把它打印出来，然后每天将它带在身边，方便进行追踪和数据的比较。

行为	星期一	星期二	星期三	星期四	星期五	星期六	星期日	合计
发脾气								
叫喊								
辱骂								

注意事项

■ 不要跟孩子谈论对他们的行为进行跟踪的话题。

■ 不要一次同时对超过三种行为进行跟踪。对一般家庭而言，同时对两种行为进行跟踪最合适。

■ 随时对行为进行记录。不要将跟踪图表贴在冰箱门上，把它放进抽屉里或揣在你的口袋里。

■ 如果你跟踪的行为不经常出现，你需要的时间可能会比较长。如果行为本身没有规律可循，对它进行跟踪可能不会对你有所帮助。

■ 如果行为有一定的规律，跟踪3~4天，记录下行为发生的时间就足够了。

■ 可以直接跳过基准数据的确定。事实上，这一步并不是非要不可的。有些人直接从"忽视它"开始进行跟踪。这有助于让他们看到行为改进的情况，并有利于他们观察灭绝性爆发出现时的情况。

■ 如果你发现跟踪很烦人，让你感到很沮丧或会耗费太多时间，干脆放弃这一步。你不应该让这项工作耗费你太多"忽视它"的时间和精力。即便不进行跟踪，你也会知道行为在何时发生了改变。

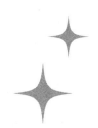

Chapter 14

常见问题解答

"忽视它"最适合的年龄是几岁？

你可以对2~21岁的孩子使用"忽视它"。它适用于进入幼儿期以后所有年龄阶段的孩子，对那些还不具备理性思考能力的年幼的孩子更加有效。

使用它的好处在于，一旦你学会了"忽视它"，你可以将其使用在你的孩子身上，直到他成年。即使是已经上大学的孩子也会因为离家的不愉快而产生一些不好的行为，你仍然可以通过"忽视它"来帮助他们调整状态。

"忽视它"需要多久才能生效？

这得视情况而定。我知道那不是你想要的答案，但事实就是如此。有些人可能会看到缓慢而渐进的变化，而其他一些人可能会发现目标行为立刻就有了显著地改善。

一般来说，孩子身上那些不好的行为，曾经得到的强化时间越长，根除它的时间也就越长。同样，这些行为之前曾经取得的效果越明显，改变它的难度也就越大。

最后一个影响因素是之前是否发生过间歇性强化。也就是说，你是否在有些时候对孩子说"不"，并且一直坚持了下去，而有时候你并没有坚持得很好。如果孩子不好的行为曾经得到过间歇性强化，那么，也需要更长的时间才能看到变化。

记住，任何进步都是好的。这就是为什么我强烈建议你使用第十三章中介绍的跟踪观察表格进行分析。如果你在实施的过程中看到了进步，它将会帮助你继续前进。

当我在"忽视它"时，孩子打我或用东西砸我，我该怎么办？

这得视情况而定。如果有可能，继续"忽视它"，这永远是最好的选择。你所有的反应都只能对他们的这些行为起到强化作用。你此时表现得越生气，孩子将来越有可能做出同样的举动。

收回你所有的注意力，这会让你的孩子知道：打你或朝你扔东西并不能让他们达到目的。但是如果你真的因此受到了伤害，立刻让孩子"面壁思过"。

"面壁思过"也是一种"忽视它"的方式。在这种情况下，它有助于打破意志之战，同时不再给孩子继续伤害你的机会。不幸的是，要想让一个十几岁的孩子安静地"面壁思过"几乎是不可能的事。因此，我们还是只能回到原点，继续"忽视它"。

"忽视它"在课堂上也管用吗？

是的。如果没有其他孩子强化那些不良行为的话，"忽视它"在教室里同样能够取得很好的效果。如果没有人对一个哗众取宠的孩子做出回应，他很快就不会再这么做了。但是，如果老师在"忽视它"，而有些孩子却朝着那个捣蛋鬼傻笑或跟他击掌，那么"忽视它"就很难让他的行为有所改变。

这种情况下，老师可以与其他孩子一起奖励他们的良好行为（包括那个调皮捣蛋的孩子）。这样，随着时间的推移，每个人就都能学会忽视这个有行为问题的孩子了。

为什么我偶尔还是会发现孩子身上的问题行为？

当你开始"忽视它"时，有几个原因可能让你仍会在孩子身上看到那些不好的行为。首先，这些行为其实已经得到了一些改善。请你一定要使用跟踪观察表格，这样你就可以看到孩子的行为是否正在好转。有时，你感觉它们好像没有发生什么变化，但事实上它正在改善，尽管这个过程会比较缓慢，你依旧要继续下去。

另外，这些行为可能是这个年龄阶段的典型特征。例如，发脾气是孩子在2~4岁之间的典型行为。然而，"忽视它"仍然可以让孩子们发脾气的次数变得越来越少，程度也越来越轻。

你可能在"忽视它"的过程中曾间歇性地强化过孩子的行为。因此，一定要确保，每次你看到目标行为时都要始终如一地"忽视它"。

在我开始"忽视它"之前，应该怎样跟孩子进行沟通？

根本没有必要进行这样的谈话——行动胜于语言。

此外，年幼的孩子在你真正开始之前不可能完全理解你的意思，更何况他们的理解能力也很有限。幸运的是，没有必要让孩子们理解甚至意识到"忽视它"。

我知道，你们当中的一些人认为，如果在行动之前没有跟孩子做解释，他们不可能真正做到"忽视它"。那么，不妨在开始之前和你的孩子举行一个简短的仪式，简单地告诉他们你会忽视他们的一些行为（比如发脾气、讨价还价、抱怨、骂人、发怒等），然后通过你的行动去向他们解释。当孩子身上不好的行为没有得到回应时，他们就能够领悟到你的意图了。

我女儿过去常常在我们教育她的时候哭得很厉害。她很会演戏，她的眼泪都是为了夸大效果或者吸引我们的注意力。"忽视它"大大改善了她的行为，我们现在很少看到她的那种歇斯底里的哭泣了。但我应该如何处理她真正发自内心的哭泣呢？毕竟它们仍然显得非常夸张。

我们必须对孩子真正的痛苦、失望或感情的伤害给予及时的关怀。我们不能让孩子感到孤独、羞愧，或觉得遭到了父母的遗弃。但对于一个喜欢夸张表演的孩子，最重要的是学会辨别什么是需要你解决的实际问题，什么是你需要忽视的行为。

如果你的女儿跌倒了，伤了膝盖，你需要检查一下她的情况，并且给她必要的治疗（比如冰袋或创可贴等）。然而，一旦你解决了这些问题，就应该开始"忽视它"，避免强化她那些寻求关注的行为。

切记，一定要认真倾听，重新引导你的女儿回到正确的行为方式上来。

在灭绝性爆发期间，孩子的行为究竟会有多糟？

这很难预测。灭绝性爆发期间的行为可能会有三方面的恶化：强度增加，频率增加，每次发作持续的时间延长。此期间的行为会明显恶化，然后迅速得到改善。如果没有这个过程，那些行为可能需要更长的时间才能消失。

一般来说，你越是能够坚持不理会那些行为，灭绝性爆发就会越快结束。根据我个人的经验，这个过程通常不会超过几天。那些持续时间特别长的情况往往是由于孩子们的行为是在过去很长的一段时间里养成的，或是由于父母无法做到持续性地"忽视它"才导致的。

我们搞砸了。我们屈服于灭绝性爆发，现在他的行为更糟糕了。我们应该怎么做才能回到正轨？

做几次深呼吸，用一两天的时间重新调整。发生这种情况没什么大不了的。现在，请重读第四章、第五章和第十二章。确保你清楚了应该如何行动，然后选择一天重新开始，从错误中吸取教训。

你需要确认自己究竟是哪里没有做好，真的只是屈服于灭绝性爆发，还是有一些前后不一致的情况？有时，不同的照顾者可能通过不同的处理方式向孩子发出不同的信号。例如，当你认真地执行"忽视它"时，你的保姆却在孩子一开始哭闹的时候就给他了一块奥利奥饼干。无疑，这会加大你计划的执行难度。

确保所有的照顾者——包括那些白天托管的保姆和家里的长辈——都同时遵守你制订的原则。如果需要的话，请你将这本书分享给他们，这样他们就知道对棘手的情况该如何处理了。

用奖励来改变孩子的行为不就是贿赂吗？

不！贿赂和奖励根本不是一回事。奖励有时会受到人们的非议，但我们的生活中充满了各种各样的奖励。比如，我曾经帮生病的邻居做饭，她感觉好些以后对我的好意表示万分感激，并告诉我那顿饭对于她犹如雪中送炭。同时，我也为自己在她需要的时候能够给予帮助而感到很幸福。那种温暖和美好的感觉就是一种自然的奖励。

作为一名教授，我每年都需要接受学校对我的评估。如果我的评估分数达到或高于某个分值，我就可以加薪。它成了我下一年继续努力工作的动力。这就是奖励要达到的目标——鼓励良好的行为和努力的工作。

我们奖励孩子是为了强化他们良好的行为。比如，你可以通过这样的方式给予孩子适当的奖励："如果你整个星期都可以保持房间整洁，星期五我们就可以一起出去吃饭。"

贿赂是用不大光明的手段来达到某种目的，它通常会助长不良行为。例如，你说："你只要不哭，我就让你看会儿电视。"这就是贿赂。

相反，只有当孩子完全不哭的时候，你才可以给予奖励。孩子应该好好地跟你说想要看一场表演，而不是要挟父母，这时才可以对他进行奖励。

那么，你怎么才能确保自己是在奖励而不是贿赂呢？

奖励永远不能讨价还价，应该按照你提出的条件来进行。贿赂一般是在孩子的要求下进行的，比如"如果我_____（填入某些行为），你会奖励我什么呢"？

另外，如果你对给予孩子的东西感到非常反感，你很可能是在贿赂他。但你如果在实施奖励之前先跟孩子进行过详细的说明，那么这就是奖励。

当我分配给我女儿一项家务时，她总是对我大喊大叫。于是我走开了，因为我怕我会控制不住地想要发火。但是，她正好因此可以不用去做我安排给她的那件事了。我怎么才能让她不再对我大喊大叫并且完成分配给她的家务呢？

你女儿是个聪明的孩子。她已经弄清楚了让自己摆脱家务的方式。如果你因为讨厌她的行为就放弃了，你的离开正好强化了她的大喊大叫，下一次她不想承担你分配给她的家务时还会冲你叫喊。下面的方法将引导你找到与女儿沟通的渠道，而且不会失去理智。请你此时深

251

吸一口气，在头脑中鼓励自己。

在进入她的房间之前，先想好要说的话，让你的思想停留在一件快乐的事上。不论发生了什么，都不要走开。当她开始对你喊叫时，静静地保持你的立场，不要理会她说的那些话。当她没有得到任何反应，开始停下来休息的时候，用平静的声音简单地重复你的要求，并拒绝她采用的任何用来逃避和推延的要求。这样她会开始第一次尝试去完成交给她的家务活。

我 4 岁的儿子已经知道了，当他生气的时候拿头撞墙，我就完全没办法对付他了。所以，当我要求他整理自己的房间时，他就开始撞墙。我怎样才能让他停下来？

目前还不清楚你的儿子为何要撞他的头。他这样做可能是为了得到父母的关注，逃避某些不想做的事或者某种情感诉求。对于上述所有情况，都可以采用"忽视它"。

消除行为可能带来的所有好处是很重要的。同时，我们还可以采取下列措施：为他创造一个安全的空间，让他几乎不可能用头撞到墙或者其他坚硬的东西。在他玩玩具的时候，给他戴上安全帽。如此，当他试图撞他的头时，你知道他不太会受伤，这样他就不会从中得到满足感。

记住，一旦他停止了那些不好的行为，立即重新回到他的身边。此外，不要忘记当他很好地整理了房间，或者某种行为有了明显的改善时及时给予他表扬。

在灭绝性爆发之后仍然存在一些不好的行为。我的儿子仍然有时会发脾气。我该怎么办?

有些2~4岁之间的孩子可能正好处在容易发脾气的年龄阶段。但"忽视它"能够让他们发脾气的频率、强度和持续时间大大减少或变弱。对于这样不好的行为,可以持续使用"忽视它"的方法。随着孩子养成更适当的行为习惯,他们的这些行为会进一步减少或完全消失。

我们的女儿经常玩她的头发,还总是把它们拔下来。我们以为她这样做是为了引起我们的注意,所以就"忽视它"。但后来我们注意到,当她独自一人在自己的房间时,她也这样做。我们该怎么办呢?

你的女儿可能有其他潜在的问题需要有行医执照的专家或医生来帮助解决。我建议不要"忽视它"。直到你的女儿得到全面的评估,才能理解她为什么拔头发。

"忽视它"只有在行为因强化而发生时才起作用。如果你的女儿是因为某种心理原因才拔她的头发,你忽视她的这种行为就不会有任何效果。她可能患有拔毛癖(冲动控制障碍)、焦虑症,或者其他心理疾病。在孩子的情况得到确诊后,"忽视它"仍可以很好地与其他一些心理治疗方案结合起来,帮助改善孩子的行为问题。

我们最快什么时候可以开始"忽视它"？

一旦你看完了这本书，就可以开始了！你不需要准备什么特殊装备，也不需要等待任何特定的时机。当然，当生活状态比较轻松时开始更为合适。如果你刚搬了新家、刚有了一个宝宝、刚刚离婚，或者孩子刚刚进入一所新的学校、一个亲人刚刚去世，也许你应该等一等，先让生活恢复常态再开始。

如果你的生活状态始终很紧张，那就从现在开始吧。

我什么时候应该停止"忽视它"

永远不要停止！"忽视它"是一种生活方式。能够忽视烦恼或不必要的行为是一种生活技能，它将让你终身受益，而不仅仅在养育孩子的过程中——你从中得到的好处不会随着孩子的长大而消失。

重要的是——要记住，"忽视它"必须经历的过程（忽视、倾听、重新回到孩子身边、修复）——一旦到达最后一个阶段，就让这件事情过去，不要再去提它。在下一次情况适合的时候，再继续"忽视它"吧。

Chapter 15

鼓励的话和最后的建议

"很不幸的是——孩子总是会长大的。"

———克里斯托弗·莫利

　　生孩子之前，我觉得自己跟人多数准父母没有太大区别，对于养育孩子抱着美好的幻想。比如，悠长的周末时光里孩子们的拥抱和欢笑，愉快的公路旅行和举家出游……

　　我想，我的孩子们应该吃着小麦面包，且不拒绝吃面包皮；他们应该喜欢世界上所有的异域美食；他们的头发干净利落、小脸干干净净、容光焕发。他们的衣服呢？应该可爱极了。他们的态度呢？应该非常温柔。他们的成绩？也应该很棒。我的孩子在任何时候都应该表现得很好，不需要提醒就会说"请"和"谢谢"；他们可以轻松地交朋友，没有烦恼或焦虑。哦，他们的身体也肯定非常健康。

　　但是，我的孩子并没有按照我的幻想成长。我家的人，包括我自己在内，吃面包的时候都不吃皮。我的孩子不是天才；他们并不总是有礼貌；他们的餐桌礼仪也糟透了；他们身上还存在着很多其他的问题（比如健康问题和与人相处的问题等）；他们对得到的东西从不心怀感激；他们的态度有时也很糟糕；至于整洁的头发、干净的脸和得体的衣着打扮……他们也并不总能做到我希望的那样。

当然，让我不满意的事情还会一再发生。

我也没能成为想象之中的那种家长。育儿的过程比想象中艰辛许多，让我的育儿计划不得不大打折扣。我们每周至少有一次会在早餐或晚餐时食用从超市买来的烤鸡。我们看电视的时间也可能超出了美国儿童学会的建议。最糟糕的是，我比理想中的父母更加焦虑和沮丧。

在我认识的人中，并没有人在生孩子之前真正设身处地地想象过如何教育孩子。然后，当现实无法企及梦想时，父母们便感到迷茫和沮丧，有时甚至为自己感到羞愧。因为父母们会碰到意料之外的问题，而他们不具备相应的能力去应付它们。

尤其是，在别人总是通过孩子念什么学校作为父母好坏的评价标准的国家，使我们往往很难坚守自己的育儿准则。

作为社会中的一员，我们把育儿的责任提升到了国家安全的高度，再小的抉择都变成了一件痛苦的事。我们细致入微地对待这项工作，殚精竭虑直到筋疲力尽，让养育孩子最终成了一件苦差事。但我们很少大声地说出心中的痛苦。我们在夜里偷偷地哭泣，我们感到内疚和羞愧，我们倍感孤独。

在我们的孩子很小的时候，我和丈夫努力肩负起养育孩子的责任。我们必须同时兼顾工作和抚育两个年幼的孩子。有一天，当我招待朋友吃饭时，我询问另一位母亲是否也跟我有相同的感受，我问她感觉快乐的时光在抚养孩子的过程中占多大的比例。

她毫不犹豫地说："我100%的时间里都喜欢当妈妈。我总是感觉很快乐。"

我表面上微笑着说："哦，这真是太棒了。"

但在内心里我却跟自己说："哦，我真是个糟糕的母亲。"

我和我的丈夫都喜欢为人父母。但是，说实话，抚养孩子对我来说从来都不是一件100%快乐的事。好的时候，它大概是60%，有时是30%。在那些美妙的日子（晴朗的天空，我们描绘陶器，一起吃冰激凌）里是80%。而在最坏的情况下，快乐的时候大概只有10%。

养育孩子是一项细碎而繁杂的工作，包括许多不可推卸的责任。当然，随着孩子们长大，他们变得更加独立，有些事情也随之变得轻松了许多，但在其他方面却会随之变得更加困难。例如，早上6点起来为他们准备带去学校的午饭，然后还要将两个孩子分别送到学校。此外诸如起床气、胃病、医生的预约……让我每天忙得团团转。

这些对我来说真不是什么有趣的事。但这些都是作为父母不可推卸的责任。换句话说，它们都是你必须要做的。

你能忍受孩子身上的什么问题呢？发脾气、讨价还价、翻白眼、抱怨、哀求、尖叫……不，最好睡前不要拖拖拉拉，最好不要缠着非要买最新的iPhone，最好不要总是抱怨。

虽然这是一件我们必须完成的任务，但为人父母也应该是一件令人愉快的事——正面的影响总是大于负面的，这其实是完全能够做到的——这就是我写这本书的原因，也是你读它的原因。

孩子们的儿童时期是非常短暂的。我们将他们生出来，养育他们，然后，他们转眼间就将离我们而去。谁也不想把养儿育女变成一场持久的斗争——没完没了的精神崩溃、争吵、抱怨以及邋遢的房间。

所以，你要做的就是：开始。

　　是的，从现在开始。你读了这本书，知道应该怎么做了。现在就可以开始行动了。

　　你不需要通过一个特别的契机才开始你的行动，也不需要准备什么特别的东西。你也不必等着休假才开始。"忽视它"不需要花时间去做其他的准备。如果你不用这种方法，想要解决问题可能需要花上更长的时间。

　　很简单，你只需要100%做到它就行了。

　　那么，什么叫作"100%做到"呢？那就是把握每次"忽视它"的时机，自始至终"忽视它"！当遇到困难时，千万不要放弃。100%做到，这也意味着在灭绝性爆发期间绝不放弃。记住，如果行为看起来越来越糟，继续"忽视它"吧，这说明它开始有效果了，坚持下去，爆发之后，孩子的行为就会彻底消除。

　　彻底的改变不可能一蹴而就。这是一个过程。过程是指为实现最终目标所采取的一系列步骤。记住这点很重要。

　　有时，你会忘记必须坚持"忽视它"。有时，你会在行为彻底消除之前一时冲动地提前介入。你会因此感到挫败，但你只需要记住——这是一个过程。你可能需要多一点时间才能完美地"忽视它"。但我保证，你能做到。

　　我怎么能这么肯定？因为"忽视它"是一种有效的方法。它经过了科学的论证和测试。如果你没有看到你所希望的成果，那么，请你再读一遍这本书。慢慢来，重新做笔记，想一想你在哪里可能出现了偏差。然后重新开始，但不要放弃。

　　你能够并且应该享受做父母的乐趣。"忽视它"的方法可以帮助你。

我是一名家庭教练。我帮助人们解决关于养育孩子的问题。我也用同样的方法教育我自己的孩子。正因为如此，我的孩子们都是很好的孩子。他们非常听话，大部分时间都能做到举止得当。他们通常会把恼人的和不适当的行为保持到最低限度。然而，他们是孩子，不是机器。同样，我也不是机器。我偶尔也会动摇，也会犯错。我的孩子们有时也会挑战我的底线。

天下没有完美的父母。哪怕是西尔斯博士和费伯博士这样的专家，或者前第一夫人劳拉·布什和米歇尔·奥巴马都不能保证从未在教育孩子的过程中出过错。甚至是电视剧里可爱的卡罗尔·布兰迪①也不是一直正确的。

例如，布雷迪乐队的乐手彼得在家里打篮球（已经被告知过不可以这样做）时也曾打破过一盏灯；爱丽丝因为孩子们没有把玩具放好也曾扭伤了脚踝；而辛蒂是一个嘴碎唠叨的母亲。看，这情形也会发生在情景喜剧之中。所以请善待自己，原谅自己的失误和过错。你正努力让家中每个人的生活变得更美好。这是一件非常伟大的事，尽管放手去做吧！

在写这本书的过程中，我把自己认为特别重要的事情列了一个清单，我不想忘记这些事情。现在，我将它们送给你：

■ 享受每一个小小的胜利。每个小胜利都会帮助你取得更大的胜利。

---

① 美剧《脱线家族》中的女主角。

■ 在任何时候你都可以做出改变。设法改进与孩子之间的关系永远都不会太迟。这从来不是失败的借口，永远不是。

■ 要懂得变通。并没有绝对正确的道路。有时候我们总是专注于自己认为正确的事情，却忘记了考虑可能存在另一种选择。

■ 不要忽视一切。孩子需要监督、关注和管教。"忽视它"只应该应用于那些不好的行为。即使你认为你的孩子整天都很烦人，你也不能24小时都不理他们。选择一些行为，逐步进行改善，努力处理好忽视与管教之间的关系。

■ 与你的朋友和家人沟通你正在做的事，以免在实施的过程中受到外界的干扰，或者被他们误以为你在做一些不可理喻的事。

■ 试着每天记录下孩子恼人的行为、养育孩子时的收获以及与孩子之间发生的事。有时，变化是微妙的或慢慢积累的。如果你是一个喜欢写作或写日记的人，我强烈建议你记录下这些内容。你会惊奇地发现亲子之间已经发生了多大的变化。

■ 经常对你的孩子说"谢谢"。有时，我们忘了为孩子树立好的榜样。让自己养成礼貌习惯有助于我们与孩子之间保持积极的互动，同时确保能对孩子良好的行为给予及时的赞扬。

■ 不要用询问的口气跟孩子说话，而是具体告诉他们你期望他们怎么做。不要说："你能把盘子放进洗涤槽里吗？"这听上去像是可做可不做的事。而应该对他们说："请把盘子放进洗涤槽里。"

■ 耐心等待。变化总会到来，它可能不会很快，但缓慢的进步仍然是进步。

■ 对于孩子的努力给予高度的重视。当亲子关系紧张时，试着读懂字里行间的意思。如果你要求孩子把衣服收起来，他照做了，但态度很差，不要理会他；假如他只是胡乱地收拾了衣服，也别去理他。

■ 给自己一个机会。这值得你这么做。

重点是——你爱你的孩子，这才是最重要的。你希望他们拥有幸福的生活，对世界充满好奇和探索的欲望，希望他们茁壮成长。你希望给他们的童年留下美好的回忆，并且让自己也享受这一段人生旅程。

有的时候，你对他们的爱是将他们拥在温暖的怀抱里，亲吻着他们的脸庞。

有的时候，你对他们的爱只是"忽视它"！

致 谢

　　多年来我一直渴望写这样一本书。但是由于种种原因，这个愿望一直没能实现。我身边的朋友、同事和我的丈夫相继出版了他们的书稿之后，我不禁问自己：我的出书计划为什么一再搁浅？然而，我明白自己不可能在10年前完成这本书，5年前甚至2年前也不可能。20多年来，我所从事的社会工作者和家庭教练的工作以及与无数家庭的实际接触，为我积累了大量的理论知识和写作经验。所有这些都不可能凭空出现。一路上，我得到了许多朋友的指导、帮助和支持。如果没有他们，我不可能完成这本书。

　　长大之后，我希望将帮助他人当作自己的职业。能够让我实现这一理想的最适合的工作就是成为一名医生。我从高中到大学的大部分精力和业余时间都用于病残儿童的康复与治疗上了。我常年在医院做志愿者。但脑海里总有一个声音在告诉自己：医生这个职业也许并不适合我。我无法面对那些血淋淋的场景。后来，我听说妈妈的一位朋友埃伦·努斯布莱特要回学校做社会工作者。什么是"社会工作者"？我从来没有听说过这一种职业。埃伦为我打开了一扇不需要面对医院混乱的场面也可以帮助弱势人群的全新世界的大门。原来社会工作才是我用尽余生想要完成的事业。为此，我由衷地感谢埃伦·努斯布莱特，谢谢你。

人生过程中的每一个选择，无论是大还是小、是经过深思熟虑的还是突发奇想的，都会改变我们的人生轨迹。高中时，我的父母离异。我搬家来到纽约。我从来没有想过自己会成为一位名叫艾莉的女孩的朋友。更没想到过13年后，我会在那个女孩的婚礼上遇到我的丈夫。正是我母亲当年离婚的决定（尽管当时我完全反对）让我步入了如今的人生轨迹，让我遇到了我的丈夫。他是一名作家。他教会了我所有关于写作的知识。我必须承认有时候母亲可能才是最了解我的人。妈妈，谢谢你。同时，我也非常感谢我的朋友们：艾莉、乔恩、阿莱格拉和本·维特海姆。我真的很感谢你们的支持和鼓励。艾莉，我不知道你对我有多么重要。谢谢你！

正是在伊丽莎·白伊万斯的帮助下，我有了一个很好的开端，最终完成了这本书。科林·奥谢是一名非常负责的经纪人，一直督促我努力工作。莎拉·卡德从始至终都对于本书怀着极大的热情。谢谢莎拉发现了我身上作为一个作家的潜力，并帮助我完成了它——这本如同我自己的孩子一样的书。

《华尔街日报》的克里斯托弗·约翰·法利、《美国有线电视新闻网》的帕特·维登凯勒、《今日秀》的阿曼达·西德曼和《体育画报》

的J.J.谢克特帮助我突破自己，成为了一名更好的作家和演说家。

在成为家庭教练之前，我在非营利世界工作了很多年。戴夫·格里高利、伊丽莎白·福利以及所有从事社会工作的同事们与我分享了许许多多的实践经验。多年以后，这些同事们（太多了，我在此就不一一列举姓名了，但你们自己应该知道是谁）一直激励着我。我许多时间都跟姬尔、莫蕾·库平杰一起工作和生活。我永远感激她们的友谊和充满智慧的话语。姬尔告诉我："一切最终都会成功的。如果还没有成功，那就还没有结束。"通过姬尔，我遇见了莫蕾·库平杰、珍妮和布莱特·博普雷。我们从起初的3个一起从事社会工作的朋友开始，现在已经各自组建了家庭，成为了总共12个人的大家庭。这是一段很棒的人生经历。坎瓦马斯营的迈克和桑迪·弗里德曼的脑中充满了灵感，而且随时愿意为这个伟大的事业献身。

如果养育孩子需要一个温暖的大家庭，那么泰米尔街上的所有家庭就是我的温暖大家庭。多年来，他们在工作和生活给予了我许多帮助和支持。埃珀森·法莱、乌尔巴斯·莫斯科维茨、科恩斯、达洛斯和埃德尔森家族、查克·德拉戈、特里·加坦和伊莲·克莱因使我们的街道感觉像生活在梅伯里。我想特别感谢戴安娜、拉里、菲比和杰姆斯·卢夫蒂格让我享受了无数的美味佳肴、漫长冬日里温暖的炉火以及跟狗狗玩耍的日子。在我重新回到学校的许多年里，劳雷尔·特恩布尔帮助我照看孩子们。她就像对待自己的孩子一样爱着他们，让我能够将精力放在学习和工作中。

我的许多朋友给予我的支持和帮助早已远远超越了朋友的界限。瑞秋·齐恩斯和艾米·巴斯与我一起讨论书稿和写作，让我寻找到了完成这本书的自信和勇气。摄影师诺埃·贝苏齐是我见过的最能给予我鼓舞和支持的人之一。我非常感谢她的友谊和敏锐的洞察力。我在布兰德曼大学的同事迈克、玛格丽特·穆迪和希拉·斯坦伯格给予了我出色的指导和温暖的友谊。

迈克尔·刘易斯以他敏锐的编辑眼光为这本书提供了热情的支持和鼓励。

除此之外，还有许许多多对我的工作给予支持和鼓励的人。下名单中列出了我所要感谢的人（顺序不分先后）：克里斯·伯曼、戴维·皮尔曼、帕纳比家族、珍·蒙蒂、保罗·奥尔科夫斯基、萨马拉·哈里斯、马里·沃克曼、米歇尔·尼科洛夫、韦伯家族、科博家族、布莱斯·戴尔、沙斯曼家族、迪纳·博尔尼卡克、穆克·鲁夫蒂格、诺玛、罗斯、佩尔、丽贝·卡勒纳拉塔穆蒂、丹·詹斯、亚历克·斯西尔弗曼、亚历克斯·西尔弗曼、德·费拉、谢法利·沙巴里、戴夫·卡夫林、米歇尔·博克、克里斯汀·里奥洛以及学步者公司里的每一个人，和位于名单最后但对我而言同样非常重要的人——卢巴·比贡。

在过去的6年里，我有机会教授那些非传统的大学生。叶史瓦大学、新罗谢尔学院和布兰德曼大学的学生和教授们一直支持着我的工作。这些学生教会了我奉献精神和耐力。

我之所以从事家庭教练的工作，是因为我希望帮助父母们解决他们生活中所遇到的难题，让他们可以更加享受为人父母的乐趣。多年来，我遇到了许多有趣的家庭。他们让我走进他们的家，毫无掩饰地让我在他们感到最不安的时候近距离观察他们。这些家庭存在的典型问题为本书提供了具体详尽的素材。我在这里想要对所有这些家庭给予我的信任和努力表示由衷地感激。

我有两个最好的姐妹。利亚·古根海默是我一生的榜样和支持者。她知道如何应对我深夜歇斯底里的电话。我为一个妹妹等了17年，当杰西卡·古根海默终于到来时，她完全值得这漫长的等待。约旦和以赛亚·威廉姆斯让我有机会成为一名快乐的姨妈。比起做一个母亲，这是一种非常不同的体验。

无论我想做什么，我的父母李察·古根海默和劳拉·科尔都无条件地给予我支持，一直鼓励我去实现自己的梦想。罗德尼·科尔在我30年来最需要帮助的时候给予了我无私的帮助。琼和斯坦利·皮尔曼是这世上最好的亲友。他们不断地对我所取得的成功给予称赞和鼓励，就像对待自己孩子的成功一样。我的祖母诺玛·夏皮罗给予了我们许多的启发。她的坚韧、奉献精神和勤奋，以及对家人的无私奉献是我效仿的楷模。

埃米特和凯西·皮尔曼是我的天使。孩子们是鼓舞着我前进的动力。我永远爱你们。

我很幸运地嫁给了杰夫·普曼。我的每一个成就很大程度上都离不开他的支持。他做饭、打扫、洗衣、哄孩子们上床睡觉、为我准备午餐、参加家委会活动、安排孩子们的业余时间等等。作为一个母亲，我能做的几乎任何事他都能做到。谢谢你为我们创造的美好生活。这些都是我不曾奢望的。

附录 A：各个年龄阶段的奖励措施

P:适合学龄前儿童　　　E:适合小学生

M:适合初中生　　　　　HS:适合高中生

P	E	M	HS	奖励措施
		x	x	音乐课
x	x	x		去小动物收容所跟小动物玩耍
x	x	x	x	甜品
x	x	x	x	参观博物馆
x	x	x	x	烘焙
x	x	x	x	看电影
x	x	x		准备午餐便当
x	x	x	x	糖果
x	x	x		看电视节目
x	x			做手工
x	x			房间的特别装饰
x	x			去朋友或亲戚家做客
x	x			一个额外的睡前故事

P	E	M	HS	奖励措施
x	x			在房子或院子周围安排一个有趣的搜寻活动
x	x			在花园收集鲜花和树叶，做一束花或书签
x	x			美术作品
x	x			图书馆之旅
x	x			在屋子里用枕头和床单做一个巨大的堡垒
x	x			去动物园玩
x	x			发光棒或闪光徽章
x	x			野餐
x	x			打理花园
x	x			财宝箱
x	x			橡皮擦
x				聚酯材料画
x				参观消防局
x				逛公园
x				投币自行车
x				驮行
x				手指画
x				贴纸
	x	x	x	准备一顿特别的晚餐
	x	x	x	花园露营
	x	x	x	选择餐后活动的权利
	x	x	x	选择游戏的权利

P	E	M	HS	奖励措施
	x	x	x	推迟上床时间（15分钟至半小时）
	x	x	x	剪个新发型、发辫或染发
	x	x	x	制作一部由孩子主演的电影或视频
	x	x	x	卡拉 ok
	x	x	x	与父亲或母亲独处的机会
	x	x	x	额外的看电视或玩电脑游戏的时间
	x	x	x	骑车去学校
	x	x	x	美术用品或学习用品
	x	x	x	装饰儿童房
	x	x	x	去书店买书
	x		x	给孩子报名参加一个他们喜欢的课外班：唱歌、表演、空手道、美术等等
	x	x	x	钓鱼
	x	x	x	租船
	x	x	x	与孩子的约会时间
	x	x	x	外出就餐
	x	x	x	买一张新碟
	x	x	x	看电影时买一包爆米花
	x	x	x	选择喜爱的车载电台的权利
	x	x	x	保龄球、滑冰、滑旱冰、游泳
	x	x	x	休息时间
	x	x	x	海报
	x	x	x	订阅杂志

P	E	M	HS	奖励措施
	x	x	x	逛游乐园
	x	x	x	邀请朋友外出旅行或外出吃饭
	x	x	x	运动用品、发饰、服装饰品
	x	x	x	下载喜欢的音乐
	x	x	x	陪孩子做他们喜欢的事
	x	x	x	上网时间
	x			泡泡浴
		x	x	下厨做饭
		x	x	重新装修儿童房
		x	x	坐在汽车前排座位
		x	x	将你的衣服、鞋子借给孩子
		x	x	零花钱
		x	x	外出购物
		x	x	音乐会
		x	x	睡衣派对
		x	x	赚取额外收入的机会
		x	x	外出家庭活动
		x	x	礼品券
		x	x	新手机或软件升级
		x	x	周末可以推迟睡觉时间
			x	借车的机会
			x	将你的珠宝借给孩子

附录 B：样本图表

A–B–C 表

行为发生的 时间和地点	前提	行为	带来的后果	从行为中学 到了什么

父母情感行为触发评分表

日期	时间	家长的感受级 1–10（1：愉快 10：极度沮丧、愤怒或崩溃）	突发事件	家长的反应	识别触发器

学龄前儿童行为奖励表

行为图示	星期一	星期二	星期三	星期四	星期五	星期六	星期日
合计							

学龄儿童的行为奖励表

得到5分，可以在上床之前多玩5分钟

得到10分，可以得到一份零食或点心

得到20分，可以出去买一个冰激凌

得到35分，可以去厨房做些爱吃的东西

得到50分，可以去 Barnes & Noble 买一个玩具或者一本书

星期一	星期二	星期三	星期四	星期五	星期六	星期日

行为跟踪评估表

行为	星期一	星期二	星期三	星期四	星期五	星期六	星期日	合计